与最聪明的人共同进化

CHEERS

HERE COMES EVERYBODY

[美] 杰拉德·C.凯恩
　　　安·纽伦·菲利普斯
　　　乔纳森·R.卡普斯基
　　　加思·R.安德勒斯
　　　　　著

数字化
战略推演

Gerald C. Kane
Anh Nguyen Phillips
Jonathan R. Copulsky
Garth R. Andrus

THE
TECHNOLOGY
FALLACY

李雪雁 译

浙江教育出版社·杭州

测一测

你了解数字化转型吗？

- 以下哪项不是数字化商业区别于传统商业模式的特征？（ ）
  A. 数字化商业要求公司比以往更快行动
  B. 数字化商业要求公司进行文化的变革，鼓励员工创新
  C. 数字化商业更倾向于公司采用灵活分散的工作场所
  D. 数字化商业要求公司秉持唯效率论，快速提升绩效

- 无法吸引和留住数字化人才是数字化颠覆带来的最大挑战吗？（ ）
  A. 是
  B. 否

- 在数字化环境中，职场人需要具备的重要技能是：（ ）
  A. 战略思维
  B. 以变革为导向的视角
  C. 持续学习的能力
  D. 以上都是

扫码鉴别正版图书
获取您的专属福利

扫码获取全部测试题及答案，测一测你了解数字化转型吗

扫描左侧二维码查看本书更多测试题

目录

前　言　数字化转型，一场无限的游戏　　001

第一部分
应对数字化颠覆，调适自己以适应千变万化

01　数字化颠覆远未结束，才真正进入黄金期　　013

　　87%与44%，"知"与"行"的鸿沟　　015
　　为什么公司还没有采取紧急行动　　017
　　能力陷阱：过去的制胜法宝并非万金油　　019
　　我们遭遇了劲敌，那就是我们自己　　020
　　数字化商业有何不同　　022
　　未来已来，只是分布不均　　024
　　学习与适应永不嫌晚　　025

02　真正的挑战，依然与人有关　　029

　　采纳曲线：技术变化速度与个人采纳速度的差距　　032
　　吸收：组织必须迅速调整以适应客户需求　　033
　　"采纳差距"与"吸收差距"的鸿沟　　034
　　借助吸收能力提升适应能力　　035

03　冲破"数字化转型"藩篱，成为数字化组织　　041

　　数字化成熟，成为数字化组织　　042
　　数字化转型中的"异"与"同"　　045
　　数字化成熟的 5 个要素　　047
　　冲破藩篱，聚焦眼下　　050
　　数字化转型的 3 个阶段　　051
　　数字化成熟永无止境　　053
　　机遇大过挑战　　054

04　制定数字化战略，在不确定性中寻找确定性　　059

　　缺乏战略，数字化转型的最大障碍　　063
　　一个循环三个步骤，换种思维制定战略　　065
　　扭转规划未来的方式，坚定长远的眼光　　066
　　训练长期战略思维：如何看待自动驾驶汽车　　069
　　动态思考技术重塑行业的可能性　　072

05 管道胶带法，关注隐性的可供性　　075

　　管道胶带法与数字化战略　　077
　　挖掘隐性的可供性　　079
　　循序渐进的可供性：先学走，再学跑　　081
　　虚假的可供性：数字化"安慰剂按钮"　　082
　　集体的可供性：员工是非常有效的传感器　　085

第二部分
重新思考数字化时代下的领导力和人才

06 数字化领导力并非魔法　　089

　　变与不变，数字化领导力的关键挑战　　092
　　基因型与习得表现型　　094
　　领导力的 8 个基本法则　　095
　　关于数字化领导力本质的 3 个错误看法　　097
　　领导力中 3 个不能改变的特质　　098

07 以变革为导向，成为卓有成效的数字化领导者　　105

　　转型成功的公司，更需要数字化领导力　　107
　　数字化领导者的 5 项能力　　111

变革性视野及前瞻性视角	112
数字化素养，让你做出明智的决策	113
以变革为导向	114
强大的领导技巧	115
领导者还需具备的 4 个特质	116
想实现变革，就要构建分散式领导文化	118
有转型意愿，以及分清轻重缓急	119

08　面向未来持续学习，数字化人才的发展原则　　121

硬技能、软技能与混合技能	123
从技能转向思维方式	124
思维大于天赋，持续学习才是成功的必然	127
技术视野不会自然涌现	128
培养公司的成长型思维模式	130
不要埋头培训，要创造学习机会	133

09　让你的组织成为人才吸铁石　　137

充分利用现有人才是第一要务	140
一旦拥有人才就要紧紧抓住	141
被动招聘加剧人才挑战	146
位置决定你能否找到合适的数字化人才	148

放眼行业之外，以新视角寻求"锚定员工"　　　149
　　　突破方圆，利用合作伙伴关系网的人才　　　150
　　　"轮岗"，鼓励组织内的人才渗透　　　151

10　终身学习，针对未来的工作进行自我定位　　　155
　　　每一种即将到来的技术，都会引发一场工作的大颠覆　　　158
　　　工作之未来 VS. 未来之工作　　　159
　　　人类最擅长何种工作　　　161
　　　提出正确的问题是人类独有的能力　　　163
　　　成为终身学习者，职业道路的"转向"　　　164
　　　员工的"五步走"，转向之路不止一条　　　166
　　　"半杯水"视角，迎接连续不断的职业浪潮　　　167

第三部分
营造数字化文化，4个原则助你打造成熟的数字化组织

11　3个要点，营造真实的数字化环境　　　173
　　　要点1：数字化文化对于接受数字化业务至关重要　　　176
　　　要点2：数字化文化独一无二且始终如一　　　180
　　　要点3：数字化文化须有意为之　　　182

	富者更富	184
	数字化转型中的"一招妙法"	187

12　敏捷，让组织得以应对错综复杂与模棱两可的世界　189

	敏捷开发的两个关键原则	191
	战略敏捷性，公司适应变化的能力	192
	跨职能团队的3大战略优势	193
	赋予团队行动权	197
	模块化有助于公司适应变化	199
	开拓随需随聘的人才市场	200
	对核心员工进行重新思考	201
	不仅要迅速迭代方法，还要转变工作方式	203

13　有意识的协作：力量、平衡、勇气与常识　205

	为何需要协作	207
	管理社交网络，做出更明智的决策	209
	超级推动者，数字化内容的透明化和持久性	211
	有意识的协作，构建一个良性循环的"回音室"	213
	绩效是其次	215
	开展企业外协作，转变工作方式	217
	建造公司的"数字化塔"	219

14 快速试验，快速学习，快速推广 223

　　传统公司为扼杀试验而生 226
　　快速试验，小规模试验，充分试验 229
　　加速学习：知道为什么行不通才能知道什么行得通 231
　　迭代，迭代，再迭代 233
　　快速推广 234
　　学会在飞行中换翼 236
　　发挥创造力，在资金方面寻找创新 239
　　双圈创新，创新的创新 240

15 4个阶段、23种数字化DNA，绘制成数字化组织的行动路线图 243

　　提高数字化成熟度的3个步骤 244
　　超越，迈向成熟的下一个阶段 246
　　利用数字化DNA评估公司的数字化成熟度 247
　　重组DNA，数字化转型的象征 252
　　23种数字化DNA特征 253
　　成为数字化组织 259

结　语　回不去的过去，未完成的未来 265
致　谢 273

前　言

数字化转型，一场无限的游戏

英特尔创始人之一安迪·格鲁夫（Andrew Grove）多年前就告诫道，只有妄想症患者才能生存下去。妄想症在这一特殊时间点似乎成了理所当然的存在。公司和整个行业摇摇欲坠，以前所未有的速度被倾覆。新的竞争对手来势汹汹，所采用的商业模式是前人连想都不敢想的，而这全都依托于技术的迅猛发展。如果你领导的企业已颇具规模，你怕是难免忧心忡忡了。毕竟，谁会想成为下一个博德斯（Borders）或百视达（Blockbuster）[①]呢？

本书将讨论技术带来的颠覆。具体来讲，讨论如何应对颠覆、适应颠覆，以及如何在一个以颠覆为标志的世界和时代里蓬勃发展。但本书不涉及技术本身。在动笔前的准备阶段，我们先回顾了关于数字化颠覆的书籍和文章。大量有关管理的文献都描述了技术是如何引发数字化颠覆，并不断加剧这一进程的。本书不提供有关技术栈、体系结构和路线图的专业指导，这些

[①] 博德斯是美国第二大连锁书店，于 2011 年宣布破产；百视达是美国家庭影视娱乐供应商，在与奈飞公司进行了长达 10 年的"商战"后，于 2010 年宣布破产。——编者注

工作留待他人完成。相反，我们选择将重点放在组织变革上，因其对技术有着不可或缺的约束力。为了方便讨论，本书用"技术"一词代指各种各样的数字化技术。

将重点放在数字化颠覆的人员和组织层面，并不意味着我们认为技术层面的问题不重要。恰好相反，我们的确意识到许多公司面临着巨大的技术挑战。然而，本书旨在强调由数字化颠覆引发的组织层面的挑战与技术挑战同等重要，但无论在文献研究还是实践中，前者都并未受到足够的重视。此外，因行业有别，管理方法各异，许多公司面临的技术挑战可谓大相径庭，但我们的研究表明：**公司在组织层面面临的一系列挑战却如出一辙。**

本书将为领导者提供必需的深刻见解，帮助他们在数字化颠覆的背景下，在陌生且全新的竞争环境里扬帆远航。我们所说的"领导者"，指的是公司里影响公司运作方式的所有级别的管理者，上到高层管理者，下到事必躬亲的项目经理，以及介于两者之间的中层管理者。各级领导的适应方式可能有所不同，但其对环境的适应都至关重要。高层管理者可能需要标新立异，运筹帷幄，带领公司适应一个不断变化的世界。而项目经理必须营造良好的经营环境，便于在数字化时代更好地提升工作效率，使团队成员收获更佳的工作体验，从而推动公司上下推陈出新。无论是自上而下的创新，还是自下而上的创新，对于成为一个数字化组织都举足轻重。高管层不应只对公司推行强制性变革，但如果没有高管层的大力支持，基层变革也必将半途而废。

在寻求某种方法来界定我们的研究见解与指导方针时，我们不止一次地想到了那个童年时期再熟悉不过的故事——《绿野仙踪》。这部米高梅电影公司（MGM）于1939年出品的电影家喻户晓，让16岁的朱迪·嘉兰（Judy Garland）一举成名。电影的台词耳熟能详，如"没有比家更好的地方"

（There's no place like home），以及"托托，我想我们再也回不去堪萨斯了"（Toto, I've a feeling we're not in Kansas anymore），它们也一跃成为众所周知的流行文化的重要内容。《绿野仙踪》讲述了堪萨斯州农场小姑娘多萝西的故事，她在遭遇一场剧烈的龙卷风袭击后，失去了意识，龙卷风将她的房子刮到了奥兹国，她和她的狗托托一起踏上了通往翡翠城的黄砖路，进入了绿野仙境。一路上，多萝西遇上了各式角色，有稻草人、铁皮人、胆小狮和西方恶女巫。

电影以龙卷风为引子，我们将其比作数字化颠覆恰如其分。多萝西并非自己去的奥兹国，而是被无法控制的力量卷去的。影片中，她在堪萨斯州的世界是黑白的，而她的房子却降落在了五彩斑斓的绿野仙境，两者形成了鲜明的对比。多萝西别无选择，只能在这片新风景中摸索前行，结识新朋友，直面前所未有的挑战，寻觅回家的路。龙卷风有多少种形态，就代表着有多少家公司遭遇了数字化颠覆。对于大多数公司而言，这就是一场因为别无选择而不得不参与的旅程。他们被无法控制的力量席卷，被带到一个新世界，那里的竞争规则迥然不同，就好比绿野仙境的绚丽多彩与堪萨斯州的黑白色调间的天壤之别。

我们从影片里的龙卷风得到的最重要的启示或许在于，《绿野仙踪》并非真的在讲龙卷风。当然，如果龙卷风没有席卷堪萨斯州，多萝西的冒险就无从发生，但这个故事更多的是关于多萝西在这个陌生的新世界中如何前行，而非探讨她是如何抵达新世界的。同样，我们此处探讨的有关数字化颠覆的故事也并非关于技术，而是关于公司如何在技术创造的新竞争环境中砥砺前行，如何学着以全新的方式开展业务，重组公司，从而能够更有效地应对日益数字化的环境带来的改变，学着调整个人与公司层面的技能发展，调整领导风格，以适应这个瞬息万变的世界的需求。数字化颠覆这场龙卷风并非什么新生事物，它已肆虐各行各业几十年之久。尽管我们无法准确预料下一阶段数字化颠覆的具体表现，但也没有理由相信其影响会日趋减弱。讨论我们到达今日境地的原因可能也颇具启发性，但大多数读者关心的是，一旦发现自己身处这个陌生的数字化颠覆的新世界，我们该何去何从。

电影《绿野仙踪》是根据莱曼·弗兰克·鲍姆（Lyman Frank Baum）的系列书籍改编而成的，其中第一部便是1900年出版的《绿野仙踪》。电影和原著的一个显著区别在于，书中的多萝西意识到她永远无法回到堪萨斯州，将留在奥兹国。如同书中的女主人公一样，所有企业也永远回不到数字化颠覆前的那个世界了。希望这一比喻有助于大家理解数字化颠覆背景下公司所面临的挑战和机遇。正如多萝西所言："我想我们再也回不去堪萨斯了。"

多样性视角，为领导者提供行动指南

我们历经4年，携手《麻省理工学院斯隆管理评论》（*MIT Sloan Management Review*）和德勤，对技术如何改变公司的运营方式展开了深入研究。4年中，我们调查了16 000多人，了解他们在数字化颠覆方面积累的经验，以及他们对自己所在公司在应对数字化颠覆时呈现出的特性与能力的看法。我们每年都会问一些同样的问题，但也有一些是基于前一年研究结果生成的新问题，每年都会收到3 700～4 800份调查结果。本书所涉及的调查结果一般都只参考某一年的数据，但为了方便阅读，并未标明数据的获取年份。数据中的实际数字每年可能都有细微的变化，但在收集数据的4年中，数据的总体关联、关键主题和要点都是保持不变的。若读者想细读一下已发表的报告，可登录《麻省理工学院斯隆管理评论》的主页自行获取。

我们的调查方法具有多重优势。该方法为大多数人所熟悉，相对易于实施和分析，可广泛传播，并可通过迭代加以改进。因此，对于发展快速但分布不均的现象来说，这不失为一种好方法。然而，由于受访者的看法往往具有局限性，且不免存在偏见，对于调查结果的使用必须谨慎。在某些情况下，这些感知型数据是没问题的。例如，当我们询问员工，鉴于当前的数字化趋势，他们计划在目前的岗位上工作多久时，我们相信他们的回答如实反映了其想法。但在某些情况下，受访者的看法似乎不足以为证。例如，当我们请受访者评价其公司的数字化成熟度（digital maturity）时，因无法平行比较自己公司和其他公司的能力，受访者的看法可能与客观现实不符。之所以明确强调这些局限性，是因为我们深感其重要性，我们在此进行全面的免责声明，以使读者注意贯穿本书调查数据的固有局限。读者可以从每一章的表述中感受到我们使用调查数据时的谨慎态度。

我们还对数据进行了更复杂的统计分析，以确保调查结果能够经得起更严格的审查；我们进行了多元回归分析，以确保研究结果并非完全受公司某些其他特征的影响，譬如公司规模和存续时长。额外的分析确保了研究结果不受其他因素影响，譬如使用的某个特定调查工具。例如，因子分析表明，受访者并不是简单而笼统地对其公司整体进行高或低的评级，而是要回答一些特定的问题，研究人员将这一特征称作"共同方法偏差"（common method bias）。虽然我们在本书中呈现的结果能够经得起严格的统计审查，但为了便于展示和讨论，我们将以尽可能简单的方式加以呈现。

我们还使用了另外两种类型的数据来充实调查结果。首先，我们对来自包括沃尔玛、谷歌、美国大都会人寿保险公司（MetLife，以下简称大都会人寿）、Salesforce[①]、万豪（Marriott）和Facebook等在内的75名公司思想领袖进行了访谈。通过访谈，我们更深入地了解了技术是如何改变公司的，

[①] Salesforce 创始人马克·贝尼奥夫（Marc Benioff）的颠覆性佳作《Salesforce 传奇》（Behind the Cloud），记述了他自身创业的心智与历程。该书中文简体字版已由湛庐引进，由中国纺织出版社于 2021 年出版。——编者注

受访者的经历也有助于我们解读所获得的调查数据。有些受访者的身份是公开的，有些则按其要求做匿名处理。这些访谈为我们的调查结果提供了资料支持，有助于证实我们从中得出的观点，并额外提供了身处数字化颠覆第一线的人们的视角。

此外，通过借鉴信息系统、管理、营销、心理学和运营领域的已有文献，将研究发现置于更广阔的管理科学的背景之下，我们对主要研究形成了更深刻的见解。通过多种不同的数据来源（定量和定性方法、主要数据和次要数据），我们对数据进行三角剖分，以期突破任何单一数据源的局限性，从而为公司应对数字化颠覆提供客观全面、富有权威和新颖独到的见解。

我们也不想完全为数据所束缚。如此，我们只会回头看，数据即使提供得再及时，也只是说明了公司过往的反应。相反，我们利用这些数据，就管理者的应对策略提出了前瞻性和指导性的建议。我们希望将自己的见解与不同类型的经验相融合，对当前的局面展开最为全面的描述。本书的作者中既有数十年来从事数字化颠覆研究和教学的学者，也有长年与企业积极合作并帮助企业适应数字化颠覆带来的挑战的咨询顾问。

整本书中，但凡有关集体经验之处，都使用了"我们"一词，哪怕并非作者团队中所有人的经验，因为团队中的每个成员都贡献了不同的专业知识和经验。例如，我们的发现有赖于凯恩与其他作者共同进行的学术研究。安德勒斯目前也正就此话题与客户展开积极合作。菲利普斯从一开始就在德勤主持这个研究项目，所以她对研究数据和结果都烂熟于心。日前才从德勤负责人岗位退休的卡普斯基是位著作颇丰的作家，担任西北大学的教师，他是该研究的发起者，拥有以令人信服的表达讲述复杂思想的才能，对我们很有帮助。在本书写作过程中，我们的团队合作得非常愉快，并且一致坚信，个人的贡献不过是沧海一粟，整个团队的力量方能所向披靡。无论每个人扮演了什么样的角色，我们都将以同一个声音来体现这一项目所采用的协作方式。

我们的数据汇集了不同的经验视角，因为我们希望基于研究来进行阐述，从而为企业应对数字化颠覆提供一些参考。与此同时，我们希望努力解决以往相关著作中的局限性，既要避免采用过度分析的方法，因其脱离了大多数企业当前面临的实际问题，也要切忌过于肤浅、哗众取宠，因为如果缺乏实质性内容，就无法引导读者做实事。我们期待提供一种面面俱到、富有权威的处理方式，为领导者提供行动指南，引导他们在力所能及的范围内带领公司走向未来。

数字化正在颠覆什么，以及我们如何驾驭它

本书共分为三个部分。第一部分讨论数字化颠覆的现象，以及公司该如何做出回应。在这一部分，我们主张公司调适自己，以适应千变万化的环境。

第1章中，我们假设多数领导者和员工十分清楚数字化颠覆正在发生，但并未据此采取行动。我们将重点讨论该如何应对数字化颠覆（而非争论它是否正在发生）。

第2章中，我们将数字化颠覆定位为主要与人有关的现象，尤其表现为个人、公司和社会对其反应速度的差异。因此，任何公司想要实现数字化转型，都离不开人们工作方式的转变。

第3章中，我们对"数字化"这一概念进行界定，将其定义为形容词（而非名词），并引入本书最关键的概念——数字化成熟度。我们认为，数字化

成熟是大多数公司在竞争中应该追求的目标。

第 4 章论述经营策略对于在技术日益充溢的竞争环境中找准方向的重要性，并介绍在飞速变化的环境中制订经营策略的方法。

第 5 章借"管道胶带"这一比喻来引入和解释"可供性"（affordances）这一学术概念。我们将讨论可供性关注技术可以让公司做哪些不同的事情，它在思考公司面临的战略挑战时所具备的重要价值。

第二部分讨论数字化成熟度对领导力、人才和未来工作的启示。

第 6 章介绍数字化领导力的特点。许多人认为，数字化环境中的领导力会呈现出不同特点。我们认为，领导力在不同的环境中发挥作用时，其基本原则不会改变。

第 7 章以第 6 章高水平管理的通用知识为基础，进一步提出适应数字化环境所需具备的特有的技能和能力，并描述领导数字化公司所需的技能和能力，以及其中哪些最为匮乏。

第 8 章介绍数字化人才理念。我们主张，员工应对数字化颠覆最关键的途径是持续学习。员工想要培养自身的数字化技能，但公司往往并不支持。

第 9 章指出，大多数公司觉得他们缺乏足够的人才来应对数字化世界的竞争。我们提出一些可供公司参考的策略，帮助他们吸引和留住这一类宝贵人才。

第 10 章聚焦未来的工作。受数字化颠覆的影响，未来 10 年[①]的工作将会发生怎样的变化，我们拭目以待。

第三部分指出，若想自如适应数字化颠覆，大多数公司应该创造怎样的条件。若你想提前浏览这一部分也无妨，但一定不能错过这一部分哦！

第 11 章讨论如何在公司内营造数字化环境。数字化成熟度与若干组织特征相关，即勇于探索、同心协力、随机应变及用数据说话。我们将在本章深入探讨这些问题。

第 12 章重点介绍数字化成熟度高的公司在组织方式方面有何特别之处。我们发现，它们往往更依赖跨职能团队，决策往往由公司的底层人员做出。这种组织结构有助于公司对变化做出更迅速的反应。

第 13 章阐述数字化成熟度高的公司是如何更主动地加强协作的。我们将探讨技术为促进更紧密的合作带来了哪些有利条件，并指出必须主动利用这些有利条件，以免造成不良后果。

第 14 章重点介绍公司应如何培养勇于试验的观念。在一个不断变化的数字化环境中，公司应该不断进行试验和迭代，但这种价值观与过去 50 年中很多公司奉行的理念截然相反。

第 15 章提出一些切实可行的指导意见，以使你的公司在数字化方面更加成熟。我们提出一种用来衡量你的公司数字化成熟度并使它日趋成熟的方法。

---

① 本书英文原版于 2019 年出版，书中提到的时间差以 2019 年为参考基准。——编者注

THE
TECHNOLOGY
FALLACY

第一部分

应对数字化颠覆,
调适自己以适应千变万化

数字化转型新视角

1. 每个人都知道数字化颠覆是真真切切的,它正在上演。
2. 公司应对数字化颠覆需要兼具"知"与"行"。
3. 成熟是一个循序渐进、持续不断的过程,会随着时间的推移逐渐显露。
4. 成熟之初,公司并不清楚自己的结局。
5. 成熟是一个自然的过程,但绝不会自动发生。
6. 任何时候开始数字化成熟的进程都不算晚,而且这一进程永无止境。

01

数字化颠覆远未结束，
才真正进入黄金期

THE TECHNOLOGY FALLACY

大家少安毋躁，我们先用一个令人信服的案例来开启这一章，说说为什么公司急需适应由技术发展带来的颠覆。为什么呢？加拿大歌手兼词曲作家莱纳德·科恩（Leonard Cohen）写道："每个人都知道。每个人都知道事情就是如此。每个人都知道。"

约20年前，第一波技术浪潮来袭，你可能也目睹了报纸、唱片和胶卷行业遭遇的灭顶之灾。你应该也知道，数字化龙卷风仍在肆虐，不断重塑着诸如优步（Uber）、爱彼迎（Airbnb）及亚马逊等公司的商业格局，酒店、出租车和零售业当下正遭受着类似的颠覆性破坏。你也知道，数字化颠覆远未结束，随着分析和数据科学进入黄金期，人工智能、区块链、虚拟现实和增强现实及自动驾驶汽车等技术已崭露头角。你还知道，会有更多企业，乃至整个行业轰然坍塌，而新的竞争者下手很快，他们正在抢占现有客户，攻陷新的客户。

调查证实了我们的断言，即每个人都知道数字化颠覆是真真切切的，它正在上演。我们询问受访者："你认为数字化技术对你所在行业的破坏程度有多大？" 87%的人认为，这个破坏程度为重度或中度。只有3%的受访者认为技术可能不会对其行业产生任何影响（我们并未问这3%的人，他们最后一次看纸质报纸、逛唱片店或通过私人旅行社预订旅行是什么时候）。大多数受访者也意识到，公司若想在未来若干年获得成功并生存下去，就需要有效适应这些变化。当被问到成为数字化企业是否对其公司获得成功至关重要时，84%的受访者表示认同或极其认同。

因此，我们从一开始就得定下调子，数字化颠覆正在发生，它很有可能会影响到你所在的行业。至于数字化颠覆发生的确切时间及表现方式，可能每个行业有所不同，但大多数人都同意：**它正在以某种方式、在某种程度上发生**。明确了这一点，我们才能将注意力转向真正重要的地方，那就是既然发生了，我们该怎么做。

87%与44%，"知"与"行"的鸿沟

公司知道数字化颠覆正在发生是一回事，但是否采取应对措施完全是另一回事。哲学家威廉·詹姆斯（William James）认为认识事物的目的在于据此采取行动。因此，你可能以为，面对数字化带来的破坏，每个公司都已经有了一套完善、成熟的策略和行动计划。其实不然，正如飓风或龙卷风多发地区的房主在风暴真正来袭时往往会措手不及。就公司是否已做好充分准备去应对极有可能发生在其所属行业的数字化颠覆这一问题，我们询问了受访者（见图1-1）：44%的人认为公司已做好充分准备；31%的人认为公司做得不够；25%的受访者态度不明或不知道。总之，87%的人认为数字化技术会对公司造成颠覆，但只有44%的人认为公司已做好充分准备，这两个数字差距之大令人吃惊。几乎每个人都知道数字化颠覆正在发生，然而，只有一小部分人认为其公司已经做好有效应对的充分准备。

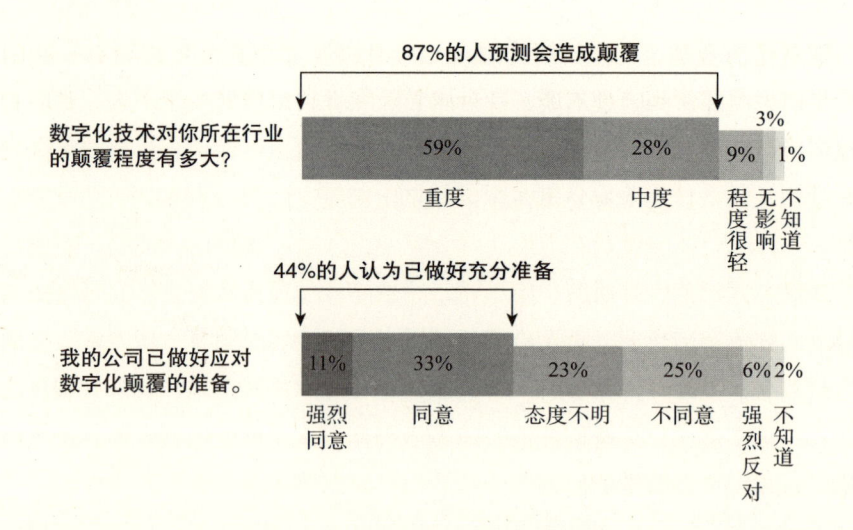

```
                87%的人预测会造成颠覆
              ┌─────────────────────────┐
                                                    3%
数字化技术对你所在行业        59%        28%    9% 1%
的颠覆程度有多大？
                            重度      中度    程 无 不
                                            度 影 知
                                            很 响 道
                                            轻

         44%的人认为已做好充分准备
         ┌──────────────┐
我的公司已做好应对    11%  33%   23%   25%  6% 2%
数字化颠覆的准备。
                    强  同   态    不   强 不
                    烈  意   度    同   烈 知
                    同       不    意   反 道
                    意       明        对
```

图 1-1　数字化颠覆程度调查数据

以上调查结果显示出许多细微差别，值得讨论。或许普通受访者并不知道对这种颠覆做出多少反应才算"充分"。鉴于数字化颠覆带来变化的速度和范围都具有不确定性，预测某个行业遭到颠覆的程度、颠覆发生的时间，以及什么才算恰当的反应，即使对于业内专家来说都极其困难，更不用说受访的普通员工了。

然而，我们不能因为上述局限性就完全忽略所获得的数据。很多时候，员工对判定公司是否做出充分反应更有发言权，因为在与客户、供应商和同事的互动中这些反应是否发挥了作用，员工有切身感受。我们将员工迥然不同的回答整理成条理清晰的数据库，这些年龄各异、拥有不同背景和技能的员工或许能更全面地理解技术的影响，而且与普通高管相比，他们能就什么是"充分反应"提出更好的想法。高管们往往会异想天开，且过于乐观。事实上，调查数据始终显示，在有关公司的重大问题上，与级别较低的员工相比，高管和董事会成员的态度更加乐观。

确定受访者是否知道怎样才算对数字化颠覆做出充分反应会有一些困难，我们先抛开这些困难不谈，这种感知数据在特定情形下能产生自我应验的预言般的效应。员工是否知道怎样才算对数字化颠覆做出充分反应或许没那么重要。如果员工认为公司在应对数字化颠覆方面做得不够，他们可能会离职，选择他们认为应对有力的公司。事实上，这一趋势已成现实，我们将在第9章深入讨论这一话题。感知之所以重要，是因为员工会根据自己的感知行事。如果员工认为老板在应对数字化颠覆方面缺乏作为，他们可能会离职，而当公司想要有所作为时，却发现缺乏人才。公司领导者是否坚信自己应对有力并不重要，甚至该公司实际上是否应对有力可能也不重要。员工认为什么正在发生，以及他们是否认为公司应对有力才至关重要。

这一见解为管理者提供了重要启示。众所周知，数字化颠覆正在发生，公司应对这种颠覆需要兼具"知"与"行"。如果公司只是将数字化转型挂在嘴边，却未付诸具体行动，员工会注意到其言行不一，而且也会相应地做出反应。同样，一个公司如果只在某些秘密或偏远的创新实验室里采取积极措施应对数字化颠覆，而员工却被蒙在鼓里或是无权参与，这样也存在隐患。对数字化颠覆的有效应对涉及公司的各个方面，领导者既需要付诸具体行动，也需要就公司正在发生的变化与员工进行明确的沟通。

为什么公司还没有采取紧急行动

面对数字化颠覆的威胁，为什么公司还没有采取紧急行动？可能是因为高管对技术缺乏了解，难以进行改革，也无法理解其紧迫性。董事会成员和投资者可能更关心短期利润，而非公司的长期生存能力。很多领导者可能也只是在等着退休，他们没有精力也没有兴趣参与一场为了公司的未来而势在必行的变革。上述设想可能都是真实存在的，但我们碰到的最普遍的原因却是：公司同时有很多事务要处理，所以得权衡轻重缓急。在保持当前业务正常运行的同时，还要为数字化未来做好准备，这对公司来说的确困难重重。

我们的数据排除了对公司缺乏反应能力的一种解释。我们想要知道，是否有些高管认为数字化商业对公司或行业的未来并不重要，数字化颠覆也许会影响某个行业但不会影响其中某一家特定的公司。问及数字化商业对受访者所在公司的成功是否重要时，高达 85% 的受访者认为数字化商业对公司的未来至关重要。

清楚需求和基于需求采取行动之间存在差距，这一现象有据可查，且这一现象不局限于应对数字化颠覆方面。杰弗里·普费弗（Jeffrey Pfeffer）和罗伯特·萨顿（Robert I. Sutton）在哈佛商学院出版社 1999 年出版的一本书中描述了"知行差距"。他们在书的第 1 章中写道："为什么如此多的教育培训、管理咨询、商业研究，以及相关书籍文章都改变不了管理者和公司的实际行为？"他们主张弥合这一差距的关键在于"先探究原因，再谈如何去做"。他们认为"有太多管理者想从具体实践、行为和技巧方面弄清楚该'如何去做'，而不是从理论层面和一般行动指南的角度去'探究原因'"。

为什么要适应数字化颠覆带来的变化？简言之，新技术的出现，譬如社交媒体、移动技术、大数据分析、人工智能、区块链、增材制造（3D 打印）、自动驾驶技术以及增强现实与虚拟现实技术等，改变了商业的可能性。那些希望保持优势、发现新机遇和为客户提供更优服务的领导者会借助这些技术带来的机会，以全然不同的方式开展业务。然而，公司在发展如此迅猛的数字化基础设施中利用这些技术，需要对自身的组织方式进行根本性变革。本书旨在提供实现这些目标的工具。

能力陷阱：过去的制胜法宝并非万金油

对已经成熟的公司来说，数字化转型带来的挑战尤其巨大，其中最大的"诅咒"便是过往的成功。在管理学文献中，这种挑战被称为"能力陷阱"。所谓的"能力陷阱"，是指认为过去的成功因素也有助于未来的成功。技术的发展改变着竞争格局，为客户提供价值的手段在更新，新的服务机会也开始涌现，因此，过去的成功不一定有助于未来。新兴的数字化基础设施带来了全新的商机，如果公司不改变其业务流程和思维模式，对这些机会加以利用，那么新老竞争对手就有可能先声夺人。

美国通用电气公司（General Electric Company，以下简称通用电气）是努力克服能力陷阱的榜样。20世纪90年代，通用电气因严格遵守六西格玛（Six Sigma）而闻名遐迩。六西格玛是一套将制造过程中的错误率降至百万分之三点四的技术，也是通用电气在20世纪90年代和21世纪初的制胜法宝。然而，这种技术也有局限性。公司在尝试新的运营方式的同时还要严守六西格玛技术标准虽说并非不可能，但是极其困难的，因为它并不利于公司对数字化商业世界的变化做出迅捷反应。

出于更快改变和灵活应对的需要，通用电气开发了一种辅助性方法，也就是我们所熟知的"快速决策法"（FastWorks），该方法利用了由埃里克·莱斯（Eric Ries）创立的"精益创业"（Lean Startup）原则，也考虑到了通用电气自身的规模和资源。但是，正如通用电气的文化转型负责人贾尼丝·森佩尔（Janice Semper）所言："该方法在我们的某些业务上面临着较大阻力，因为这些业务尚未遭到巨大冲击或颠覆，从事这些业务的人对面临颠覆性破坏，或是所处环境挑战巨大、动荡不安和前途未卜的业务领域不一定能感同身受。但面对这种局面，该方法恰恰是我们唯一的出路。"森佩尔还描述了另外两种"干预措施"，旨在加速对传统公司的变革。首先，通用电气领导层树立了新的公司价值观,即"客户至上;精益求精、与日俱进;不断学习、努力调适、追求卓越;彼此扶持、互相激励;拨云见日、收获硕果"。其次,他们重新设计了绩效管理体系。"我们以往遵循的是传统的年度绩效管理流程,现在改为更连续且更具流动性的体系,这与'快速决策法'的工作方式及通用电气的信条一致。"

我们遭遇了劲敌,那就是我们自己

数字化颠覆的知与行之间存在差异的另一关键因素是,许多高管根本不知道这种威胁出现的速度会有多快。许多人还在观望,试图从公司的盈亏底线中找到颠覆性破坏的证据,然后再采取行动。但是,真等到获得证据的那一天,则为时已晚。滞后指标并非识别和评估潜在威胁的有效工具。例如,报纸行业的利润一直稳步增长,直到互联网突然繁荣,其利润才呈现出断崖式下跌的趋势。企业高管急需早期预警系统,尤其是许多人会高估自己的及时反应能力,以为威胁出现时,他们还可以将大量资金投入到技术上以化险为夷。很多接受采访的公司领导已将重心转向了数字化转型,但他们私下里都想知道,自己是否已经滞后。我们发现,开始高度重视数字化转型的传统公司的数量正显著增加。

也有少数受访者表示,其公司将数字化趋势视为威胁而非机遇,于是我们询问他们对公司在数字化趋势下所面临的威胁有何看法。我们没有让受访者做选择题,而是要求他们用自己的话进行开放式回答。研究团队共收到了 3 300 份开放式答卷,其中对这一问题的回答可以划分为以下几大类(见图 1-2)。

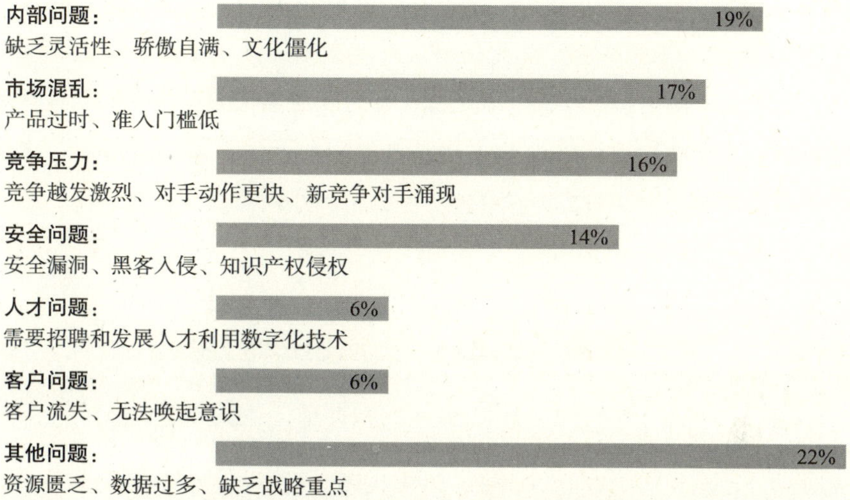

威胁类型	百分比
内部问题： 缺乏灵活性、骄傲自满、文化僵化	19%
市场混乱： 产品过时、准入门槛低	17%
竞争压力： 竞争越发激烈、对手动作更快、新竞争对手涌现	16%
安全问题： 安全漏洞、黑客入侵、知识产权侵权	14%
人才问题： 需要招聘和发展人才利用数字化技术	6%
客户问题： 客户流失、无法唤起意识	6%
其他问题： 资源匮乏、数据过多、缺乏战略重点	22%

图 1-2　数字化趋势下公司面临的最大威胁

受访者认为，最大的威胁是公司内部问题，比如缺乏灵活性、骄傲自满以及文化僵化。换言之，数字化颠覆的最大威胁源自公司本身，即公司无力或不愿尽快做出改变，以应对数字化颠覆带来的威胁。漫画家沃尔特·凯利（Walt Kelly）创造了一个令人难忘的角色——波戈（Pogo），一只栖息于沼泽之中的可爱负鼠。1970年，也就是环境保护运动初期，凯利为第一个世界地球日画了一幅漫画，画上波戈和一位居民同伴对一片堆满垃圾的居住地展开调查。波戈评论道："我们遭遇了劲敌，那就是我们自己。"这与受访者的观点如出一辙。

受访者认为，第二大威胁是市场混乱，比如产品过时或准入门槛低，第三大威胁是来自新老对手的竞争压力越发激烈。总之，这些答案表明，数字化颠覆在不断加剧公司面临的竞争压力，也表达了受访者对公司无力采取迅速或充分行动以应对变化的担忧。于我们而言，这些威胁听起来真实可信，公司应做好积极应对的准备。

数字化商业有何不同

我们询问受访者数字化商业和传统商业模式有何不同。这又是一个开放式问题,我们给受访者提供了一个空白的文本框,他们可以以任何方式作答。团队成员在看完 2 362 个答案后,根据相似性将答案分为几大类。结果如图 1-3 所示。下面仅详述前 4 个区别。

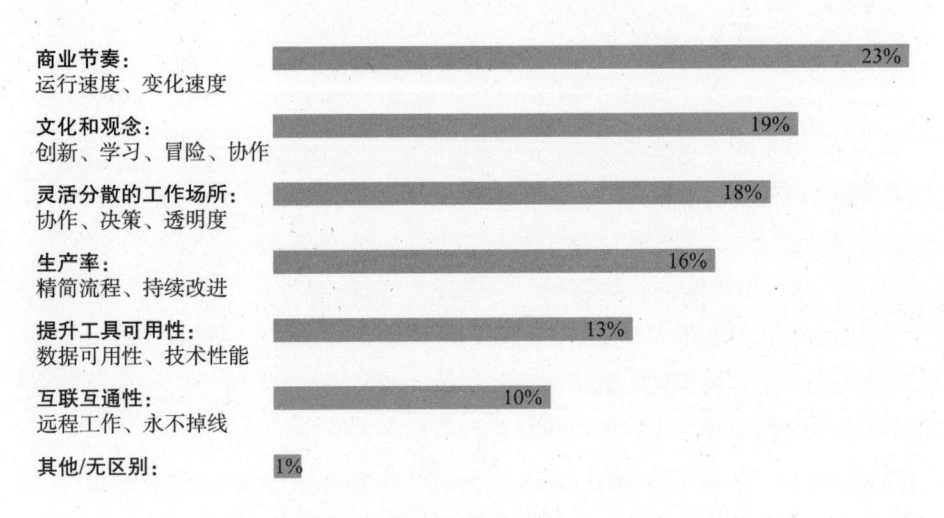

商业节奏: 运行速度、变化速度 —— 23%
文化和观念: 创新、学习、冒险、协作 —— 19%
灵活分散的工作场所: 协作、决策、透明度 —— 18%
生产率: 精简流程、持续改进 —— 16%
提升工具可用性: 数据可用性、技术性能 —— 13%
互联互通性: 远程工作、永不掉线 —— 10%
其他/无区别: 1%

图 1-3 在数字化环境和传统环境下工作的 6 大区别

受访者表示,最大的区别在于商业节奏。简言之,数字化商业要求公司比以往更快行动和做出反应。挑战在于,公司的许多沟通和决策机构并不能按公司的需要迅速做出反应。我们采访过的一位高管说道:"数字化技术改变了商业格局,使得新竞争对手纷至沓来,其迅猛程度大有'敢教日月换新天'之势。技术不仅提升了行业的运行速度和效率,而且对每个人来说都唾手可得。我们从未想过,会因此涌现出这么多新的竞争对手,这让我们大惊失色。"数字化商业背景下的迅猛变化将是贯穿本书的一个关键主题。

第二大区别在于文化和观念。答案主要集中在公司文化变革的必要性上，但谈及这些变化时，受访者中也有持否定意见的。他们认为，这种文化转变给思维模式更为传统的员工造成了压力。换言之，员工个体层面上也存在"能力陷阱"现象，尤其是对老牌公司的员工而言。有些员工在过去靠某一特定的工作方式获得了成功，可能不愿在未来做出改变。我们将在第11章讨论有关文化的内容。

第三大区别与组织架构有关，即对灵活分散的工作场所的需求。其中有些受访者谈到了协作、如何决策及如何组织团队的问题。也需要重新思考团队和人才问题。斯坦福大学的助理教授梅利莎·瓦伦丁（Melissa Valentine）说："显而易见，公司的边界正在发生重大变化。在硅谷，我经常会听到'核心-外围'之类的说法。"在该模式中，公司依赖于某些核心员工，苦心栽培他们，并在他们身上大量投资。同时，公司在需要时还会启用外围人才网络，不得不说这很高明。瓦伦丁指出，即使是大公司，也可能由一个"核心团队加外围员工和周边项目"组成，并非全由一家公司的全职员工组成。对于某些公司来说，如何将全职员工与外围员工有效整合，可能需要一种全新的视角。最近的研究表明，雇主期望在未来几年内大幅增加对合同工、自由职业者和临时工的依赖。我们将在第12章深入讨论这一话题。

第四大区别是生产率，这可能是一把双刃剑。德勤领先创新中心联席主席约翰·哈格尔（John Hagel）说道："若真想快速提升绩效，必须放弃对效率的过分追求。若只关注效率，效益必然递减。成本效益越高、速度越快，效率就越难得到进一步的提升。但如果你的关注点在于有效性、影响力和所有层面的价值，那么一切皆有可能。这事关思维模式的转变，你需要摆脱唯效率论。"

未来已来，只是分布不均

科幻作家威廉·吉布森（William Gibson）说过："未来已来，只是分布不均。"同样，尽管我们都知道数字化颠覆正在发生，但依目前的状况看，数字化颠覆在各个行业中是分布不均的。图 1-4 列出了对调查问题主要回答的分析结果，按行业进行分类。技术催生的行业遥遥领先，譬如数字化成熟度较高的信息技术、电信、媒体行业。然而，近期的一项数字化商业研究发现，没有哪个行业的排名始终处于末位。每个行业都有可以利用的优势，也都有亟待解决的劣势。本书后面的章节将讨论这些问题的具体含义，此处只讨论这些回答的模式。我们根据受访者对几个问题的回答进行行业排名，这些问题与数字化成熟度息息相关。

结果表明，谈及数字化成熟度时，信息技术、电信和媒体行业毫无疑问是引领者。此外，没有哪个行业是彻头彻尾的输家，这让我们感到有些意外，也没有哪个行业在所有问题上都排在末位。例如，建筑和房地产行业在数字化成熟度方面的排名处于末位（此处对数字化成熟度的定义是，在某个公司中，数字化已经改变了业务流程、人才参与度和商业模式），但在通过改善与合作伙伴及员工的合作而获得数字化收益方面，该行业位列前五。在专注于业务转型的数字化战略发展方面，该行业的公司排名又较为滞后。消费品公司位列数字化成熟度的中间位置，但其员工的数字化能力却颇为低下。

可以看出，虽然某些行业毫无疑问是引领者，是其他行业的楷模，但没有哪个行业已穷途末路。每一个行业都有可能利用自身的优势，引领公司走向数字化未来。

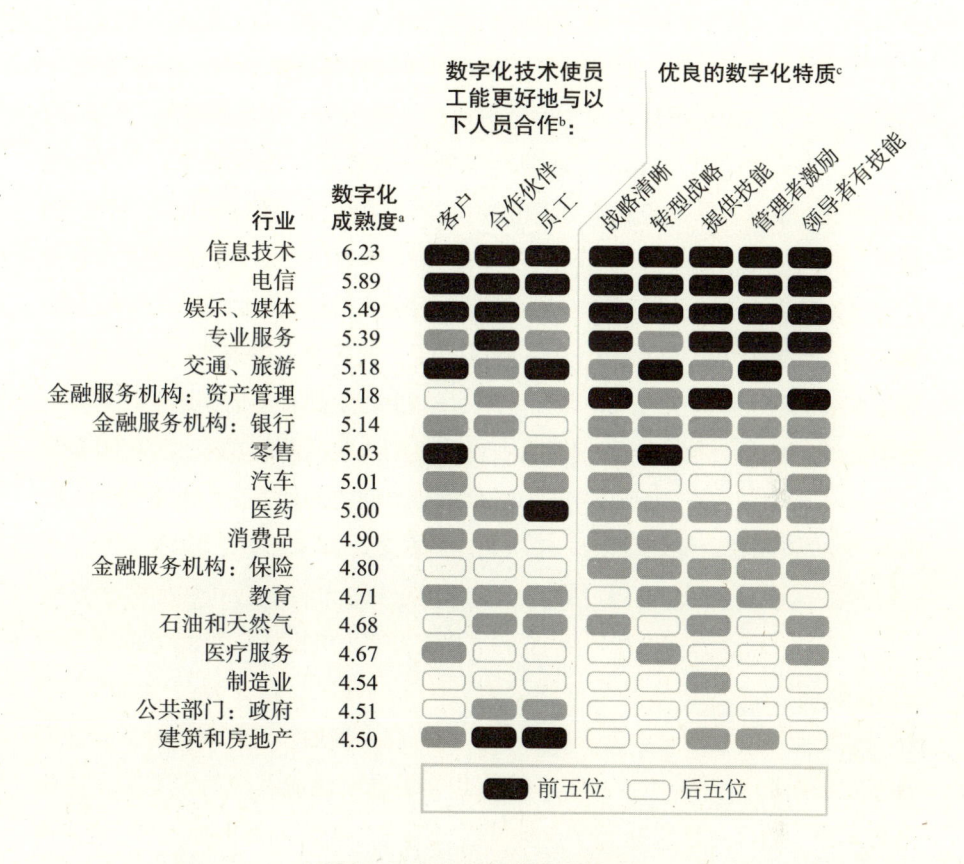

01 数字化颠覆远未结束，才真正进入黄金期

行业	数字化成熟度[a]	数字化技术使员工能更好地与以下人员合作[b]: 客户 / 合作伙伴 / 员工	优良的数字化特质[c] 战略清晰 / 转型战略 / 提供技能 / 管理者激励 / 领导者有技能
信息技术	6.23	■ ■ ■	■ ■ ■ ■ ■
电信	5.89	■ ■ ▨	■ ■ ■ ■ ■
娱乐、媒体	5.49	■ ■ ▨	■ ■ ■ ■ ■
专业服务	5.39	▨ ▨ ▨	■ ■ ■ ■ ■
交通、旅游	5.18	■ ▨ ▨	■ ▨ ■ ▨ ■
金融服务机构：资产管理	5.18	□ ▨ ▨	■ ■ ▨ ■ ▨
金融服务机构：银行	5.14	▨ □ ▨	▨ ▨ ▨ ▨ ▨
零售	5.03	■ ▨ □	▨ ▨ ▨ ▨ ▨
汽车	5.01	▨ ▨ ▨	▨ ▨ ▨ ▨ ▨
医药	5.00	▨ ▨ ▨	▨ ▨ ▨ ▨ ▨
消费品	4.90	▨ ▨ ▨	▨ ▨ ▨ ▨ ▨
金融服务机构：保险	4.80	□ ▨ ▨	▨ ▨ ▨ ▨ ▨
教育	4.71	▨ ▨ ▨	□ □ ▨ ▨ ▨
石油和天然气	4.68	▨ ▨ ▨	□ ▨ ▨ ▨ ▨
医疗服务	4.67	▨ ▨ ▨	□ □ ▨ ▨ ▨
制造业	4.54	▨ ▨ ▨	□ □ ▨ ▨ ▨
公共部门：政府	4.51	□ ▨ ▨	□ □ □ □ □
建筑和房地产	4.50	▨ ■ ■	□ □ □ □ □

■ 前五位　　□ 后五位

图 1-4　各行业数字化成熟度

注：a. 数字化成熟度被认为是某一特定行业反映出的平均成熟度。我们要求受访者对其公司的数字化成熟度进行评分，范围为 1～10 分，其中 1 分代表成熟度最低，10 分代表成熟度最高。

　　b. 对应研究中具体的调查问题。

　　c. 认同/极其认同其公司具备相关数字化技能或能力的受访者的百分比。

学习与适应永不嫌晚

如果说应对数字化颠覆的核心是学习与适应，那么对于多年来一成不变的老牌公司（及个人），这意味着什么？有句谚语是"老狗学不会新把戏"，说的就是这样一种普遍的认识，即随着人们（和公司）年龄的增长，他们的行为方式会越发固化。的确，孩子学习语言的速度常让我们惊叹不已，而哪怕再聪明的成年人，学习语言也并非易事。

瞧瞧那些新创立的公司，它们通常被视为数字化领域的榜样。新创立的公司指的是相较于已颇具规模的公司更灵活、学习与适应速度更快的公司，它们更具创新性和创造力。与儿童一样，新创立的公司思维更灵活，学习能力更强。但随着时间的推移，公司内生成的类似"化学抑制剂"的东西会阻碍成年人学习，这些人会倾向于专攻已知领域（以及过去使其获得成功的东西），并且采取行动完成任务。他们关注的是生产率和效率，而非学习、成长和创新。对于传统老牌公司而言，关键在于甄别和冲破公司层面对学习的阻碍，并着力培养公司的学习文化，以及成长型思维模式，我们将在第二部分讨论该话题。

数字化转型实践 DIGITAL TRANSFORMATION CASE

约翰·汉考克：跳出传统思维圈，迅速到达一个全新之地

约翰·汉考克人寿保险公司（John Hancock Life Insurance Company）是老牌公司进行必要变革以适应数字化世界的绝佳例子。该公司的领导层意识到，在21世纪，公司的业务和组织结构需要焕然一新，才能在数字化世界中更具竞争力。

高级副总裁兼首席营销官芭芭拉·古斯（Barbara Goose）希

望公司更具创新性、更富有创业理念、行动更迅速、实力更强,以及更具协作精神。为了实现上述目标,古斯首先需要让负责推动变革的人员跳出传统的官僚结构(这是很多传统公司最大的特征),赋予其工作自由。创新团队需要被隔离和保护起来,"在某些层面摆脱公司的桎梏,从而能够更快地创新和进步。"古斯如是说。

数字化转型并非自上而下的强制性变革,反之,它指的是创造各种条件,促使员工改变思维方式及工作方式,并推动自下而上的变革。在一家公司负责数字化战略的副总裁林赛·萨顿(Lindsay Sutton)指出:"归根结底,主要还是人才的问题。就人才而言,需要双管齐下,一手抓技能,一手抓态度……想要推动公司进入一个以人才为主要组成部分的新纪元,你就必须这么做。我们时常会忽略态度问题。"有了正确的态度,人们可以在变化迅猛和尚未明朗的环境中培养工作和学习所需的技能,这也是数字化商业的核心所在。"拥有这种心态的人比比皆是。只是其中有些人需要经过提醒才明白自己也可以成为这样的人。"

约翰·汉考克的高管看到了竞争格局的改变,他们正在尝试培养员工应对数字化世界竞争的新能力,并且试图重塑员工的工作、思维和学习方式。然而,对业绩优秀的老牌公司而言,推动变革颇具难度。古斯指出:"当人们觉得公司以一贯的方式行事就能事事成功时,很难推动变革。"她还说:"展望未来,可以看到世界和客户的需求正在发生变化。我们需要不断发展,并且经历一场变革,以迅速到达一个全新之地,但在这样一家大公司里,要做到这一点实属不易。"

章末总结

已知事实	应对策略
• 每个人都意识到数字化颠覆正在发生，但大多数公司的反应不够充分。（87%的受访者认为其行业很有可能遭遇数字化颠覆，但只有44%的受访者认为其公司能有效应对数字化颠覆。） • 造成这种"知行差距"的关键原因是，许多公司低估了数字化颠覆构成的威胁，以及公司迅速应对的必要性。	• 87%的人认为其行业有可能遭遇数字化颠覆，而只有44%的人认为其公司能有效应对，扪心自问，你所在的公司是不是属于处在这两种情况之间的那43%。 • 首先列出技术为你所在公司带来的机遇和威胁。 • 根据潜在影响和紧迫性对所列内容进行排序。 • 针对每一项机遇与威胁，描述应对措施。 • 根据其可能产生的效果，对每项应对措施进行评价。 • 确定阻碍你有效应对的因素，以及需要做出的改变（即潜在干预措施）。 • 最后，针对3项最紧迫的干预措施制订行动计划。

02

真正的挑战，
依然与人有关

THE TECHNOLOGY FALLACY

除低估其威胁之外，公司在面对数字化颠覆时未能迅速做出反应的另一原因在于，大多数高管没有真正了解公司所面临的主要挑战，如果不了解问题的本质，那么他们就不知道自己能否有效应对及如何有效应对。正如杰弗里·普费弗和罗伯特·萨顿所言，就公司为何需要变革这一问题，他们无法给出答案。但幸运的是，本书可以帮助解决这一问题。在应对数字化颠覆方面，很多人认为公司面临的关键问题是技术的快速创新。技术创新的速度确实比以往任何时候都快。计算机越发小巧便宜，功能更强大，连接更方便，且渗透到了人们生活的方方面面。尽管技术创新速度的不断提升是公司面临的重大挑战之一，但这并非问题所在。

确切地说，公司面临的来自数字化颠覆的真正挑战（事实上也是重要的解决方案之一，我们很快会看到）在于"人"，是个人、公司和政策对技术进步不同的反应速度（见图2-1）。技术革新的速度胜过个人采纳技术的速度（采纳差距）；个人比公司更快地适应这种变化（适应差距）；公司的调整速度胜过法律和社会机构（吸收差距）。上述每种差距都给公司带来了不同的挑战。

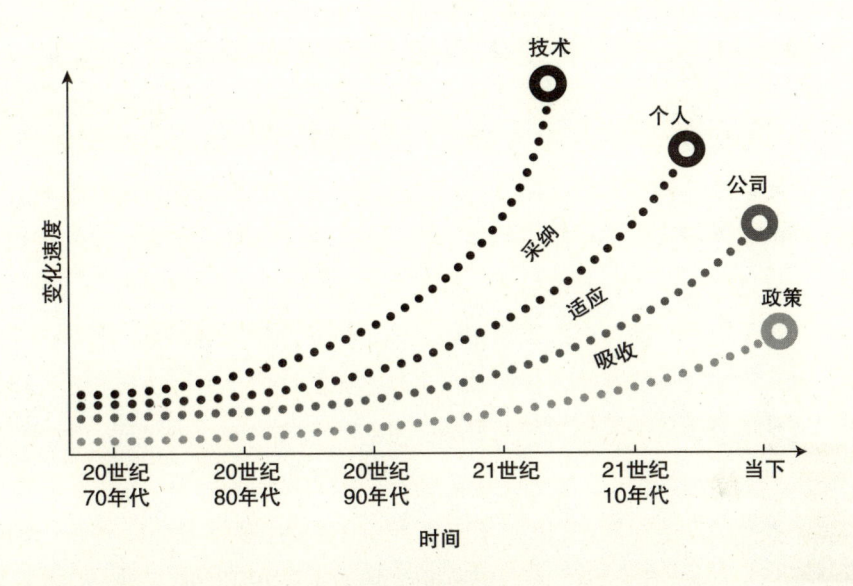

图 2-1 采纳曲线

注：公司在数字化商业方面面临的主要挑战是，个人、公司和政策对技术进步不同的反应速度之间的差距不断扩大。

这些曲线的变化速度到底有多快，依然没有一个确切的结论。例如，虽然技术能力急剧提升（成本也降低了），但变化速度却各异，这取决于你关注的是处理能力（18个月，摩尔定律）、存储空间（12个月），还是网络速度（9个月）。然而，更低的处理器价格、更强的存储能力和更快的网络速度，这些都不会威胁到公司。但当有人意识到，这种更快捷、更好、更便宜的计算环境意味着可以用全新的方法去解决商业问题时，威胁才真正来临。然而，在技术使用领域发生的变化更加不可预测。关键在于变化速度千差万别，公司适应的速度远远赶不上技术本身的变化速度，也赶不上个人对技术的使用速度，并且不同技术使用水平的差距也在逐渐拉大。

采纳曲线：技术变化速度与个人采纳速度的差距

采纳曲线描述的是技术变化速度与个人将这些变化融入日常生活的速度间的差距。埃弗里特·罗杰斯（Everett Rogers）在其影响深远的作品中，根据不同的速度和阶段将创新采纳者归为：创新者、早期采纳者、早期多数采纳者、后期多数采纳者及落后者。结果生成了一个累积采纳函数，从中可以看出，在早期和后期多数人采取行动之时，也是创新迅速发生之时。毫无疑问，该采纳曲线也涉及技术公司及信息技术职能部门，它们也努力敦促市场部门或全体公司员工采用某些类型的技术。

尽管采纳程度各异，但由于相当一部分个人在采纳方面颇为滞后，因此该问题并非大多数管理者在数字化颠覆中面临的最关键问题。通常而言，个人采纳技术的速度仍超过了公司适应技术的速度。如今，个人能轻而易举地获得一些面对消费者的强劲的技术产品（而无须依靠雇主去购买这些一度昂贵的设备与服务），因此，他们对新技术的上手速度更快。例如，Facebook就是一个非常强大的协作平台，消费者可以免费使用，而与之功能相似的企业版，每个用户每月需要花费高达15美元。此外，面向消费者的技术也越来越人性化和直观。

相对而言，这是新兴状况。就在10年或15年前，企业适应技术的速度远胜个人。其原因在于经济形势。20世纪末，大多数人只能通过雇主购买技术，所谓的"企业级技术"远比"面向消费者的技术"先进。但随着信息技术成本降低，面向消费者的在线平台日益壮大，使用范围越来越广，移动设备也越发强大，且无处不在。

谷歌、Facebook和亚马逊都是面向消费者的平台，目前均跻身世界最具价值的5大公司行列，其迅速崛起证明了个人适应变化之迅速。用户互动越深入，平台和设备就能从中收集到越多数据，其发展速度从采纳曲线中可见一斑。Facebook 和其他平台都在进行 AB 测试，以优化平台设计的各个方面，提升其可用性。马克·扎克伯格说，Facebook 拥有约 10 000 个不同版本的平台，试图于细微之处改善用户体验，增加用户在平台上花费的时间。平台的用户越多，公司就能收集越多关于如何改进平台以提高采纳度的数据。对于使用只有公司才能负担得起的昂贵技术的公司来说，采纳依然是一个关键问题，而对于使用其他大部分技术的公司而言，问题在于其他方面。大多数公司无须进一步推动个人对技术的采纳，它们需要的是去适应个人利用这些技术制造的设施。许多公司的技术部门实施"自带设备"政策，这越发突显或是拉大了"采纳"与"适应"之间的差距。

然而，了解采纳曲线并非毫无价值，对于何时及如何实施某些战略方案（即客户何时及如何采纳技术）以及组织计划（即员工和合作伙伴何时及如何适应技术），采纳曲线具有重要的预见作用。

吸收：组织必须迅速调整以适应客户需求

业界一致通过的管理技术使用的法律法规的数量与使用技术的公司数量间存在差距。这就是图 2-1 另一端"吸收"的概念。法律法规通常滞后于实际使用情况，这给大多数公司带来了不同程度的挑战。跨国公司面临不同的法规约束，因此其技术使用与监管体系间的分歧很有可能更加严重。例如，跨国公司须应对多种法律和监管体系，某些政策在一个国家行得通，在另一个国家可能行不通。不同行业的监管体系也不同。实际上，也有某位受监管行业的管理者指出，监管对公司大有裨益，因其明确规定了行业内所有竞争者该干什么和不该干什么。也有一些受监管行业的公司主动与监管机构取得联系，阐述自身的创新理念，就如何实施创新计划寻求指导。

对大多数公司而言，等待法规决策者追赶上实践的步伐并非上策。公司必须迅速调整以适应客户需求，与此同时，还必须遵守法律和监管政策。事实上，诸如优步和爱彼迎这样的成长型公司面临的最严峻挑战之一便是试图构建其行为的监管框架。

"采纳差距"与"吸收差距"的鸿沟

位于"采纳差距"和"吸收差距"中间的便是"适应差距"，这也是当今所有公司面临的最主要差距。大多数人想要（并期望）利用技术参与公司事务，公司会做出调整以支持个人的行动，这两者之间存在的差距就是"适应差距"。一旦竞争对手取得先机，并对先进技术加以利用，反应迟钝的人就可能在未来面临战略劣势。然而，目前来看，就技术使用而言，**个人与公司之间的脱节会威胁到公司的竞争力**。例如，如果公司不能与客户进行有效的数字化互动，那么这些客户就会转身投向竞争对手公司或其他初创公司。

幸运的是，许多公司认识到了与客户进行数字化互动的必要性，这也是公司多措并举背后的动力所在。然而，公司通过数字化渠道与客户加强联系会加剧"适应差距"的另一面，即员工与他们所在公司间的差距。员工也是其他公司的客户，业务往来中，他们时常会接触到各种简化的数字化界面。数据表明，员工的挫败感日益严重，因为他们在自己的生活中能借助技术完成很多事情，而在工作中却只能利用电子邮件和非移动信息处理技术，落差非常大。

公司忙着学习如何与使用技术的客户打交道，却往往忽视了公司内部的员工。某高管来自一家被公认为数字化领域领航者的公司，他指出，员工也是消费者,也会使用数字化渠道,比起自己的同事及公司,员工作为消费者与其他公司的往来会更轻松。例如,应聘其他公司的工作通常比在公司内部申请工作更容易。他指出,这种技术差距可能会导致人才流失。

这一挑战关系到公司的生死存亡,这并非危言耸听。许多颇具影响力的管理界思想家都认为,公司之所以能够存在,就是因为在公司内部做事要比在公司外部做事容易。例如,诺贝尔经济学奖得主奥利弗·威廉姆森(Oliver E. Williamson)就断言,公司存在的意义在于降低公司内部发生的某些交易成本。战略专家罗伯特·格兰特(Robert M. Grant)教授认为,公司之所以存在,是为了吸收员工的知识。技术基础设施使得公司外部交易和知识的流动相较于公司内部更容易,这就动摇了公司存在的根基。很多时候,公司面临的关键问题是快速适应客户对数字化互动的需求,与此同时,还要实施变革,以满足员工因受技术进步的刺激而产生的需求。

借助吸收能力提升适应能力

数字化颠覆带来的主要问题并非迅疾的技术创新步伐,而在于不同层级的员工及组织吸收此类技术的速度参差不齐。因此,公司可通过采取组织和管理层面的举措(而非技术层面),来有效应对数字化颠覆带来的挑战。只有从根本上改变运作方式,如通过层级结构扁平化、加速决策、帮助员工培养所需技能、正确解读所处环境中的机遇与挑战等,公司方能真正适应数字化世界。

在1990年发表的一篇基础性论文中,韦斯利·科恩(Wesley M. Cohen)和丹尼尔·利文索尔(Daniel A. Levinthal)引入了公司"吸收能力"(absorptive capacity)这一概念。他们将"吸收能力"定义为公司识别、吸收、转化和使用外部知识以及研究和实践的能力。换言之，吸收能力衡量的是一家公司学习和使用公司外部科学知识、技术知识及其他领域知识的速度。科恩和利文索尔认为："吸收能力的前提是，公司需要基于先前已具备的相关知识来吸收和使用新知识。"简言之，这意味着一家公司前期知识储备越多，它能学到的知识就越多。他们还指出："一个公司的吸收能力取决于每个员工的吸收能力。然而，公司的吸收能力不单是所有员工吸收能力的总和。"吸收能力还取决于公司如何学习了解外部环境以及公司各部门间如何互通信息。

显而易见的问题是，企业是否能够提升吸收能力以及如何提升吸收能力，从而缩小适应差距。科恩和利文索尔认为，吸收能力是一种可以培养的能力，企业可有意提升该能力。谢克·匝若（Shaker Zahra）和杰拉德·乔治（Gerard George）2002年发表于美国《管理学会评论》（Academy of Management Review）的一篇文章也关注了该问题。匝若、乔治、科恩和利文索尔不约而同地就公司可采取的具体措施给出了以下建议：

- 提升人才多样性，以扩大前期相关知识储备。（其中面临的挑战我们将在第9章讨论，即如何吸引适合的人才。）

- 为员工提供在数字化环境中发展工作技能的机会，从而增加员工前期的知识储备。

- 强化公司机制（如传感系统），以便更有效地从外部环境获取知识，从而强化公司的知识储备。

- 通过员工轮岗、使用协作工具（如聊天群组 Slack），以及重新设计工作场所等措施，鼓励员工之间的偶发性交流，提高内部信息的流通速度。

- 着力帮助员工理解"为什么",因为普费弗和萨顿认为探究原因对于缩小知与行之间的差距非常重要。

吸收能力可随着时间的推移而不断增强。科恩和利文索尔认为,公司现有的相关知识是其发挥整合新知识能力的一个重要前提。这便是公司能保持自主研发的积极性,而不只是购入创新产品的原因。换言之,公司需要获得学习方法。相反,**如果公司在某段时间内停止了创新实验,那么未来整合新知识将会更加困难。**

数字化转型实践 DIGITAL TRANSFORMATION CASE

Adobe:融合员工与客户的全方位体验需求

软件公司 Adobe 尝试解决客户与员工间的技术差距,方法是将两者的体验统一于同一领导者麾下。2012 年,Adobe 实施了一场翻天覆地的变革:以前的软件都是销售长期授权,经压缩包装运送,而后来则转向了云订阅模式,如此一来,月手续费更低,能吸引更大的市场份额。该公司还为其系列产品拓展了营销范围,在以往平面设计及出版行业的基础上增设了数字营销。

Adobe 的高管层意识到,企业文化、人才培养及员工参与对于从根本上改变企业结构和商业模式起到重要作用。虽然公司通过一系列收购吸纳了新的数字化人才,但高管层坚信,企业文化构建和人才培养必须紧密融合。为了实现这一目的,公司敢于尝试,将员工和客户体验统一于同一部门及领导者旗下。"我们长期以来一直致力于提升员工体验，"客户及员工体验部执行副总裁唐娜·莫里斯（Donna Morris）说道，"但我们认为我们需要改变企业文化，给予客户群体同样的重视。我们希望员工能分享他们在提升客户体验过程中的一些普遍观点。"

莫里斯以 Adobe 的"马拉松式体验"项目为例对此加以说明。该项目旨在让员工站在客户的立场上推动变革，将员工转变为产品用户，向 Adobe 提供即时反馈。"在向客户提供产品和服务之前，让我们的员工也有这样一个机会亲身体验我们的产品和服务，"她说道，"通过结合员工和客户体验，借助员工的高质量参与，我们便能够创造出丰富的客户体验。"

02　真正的挑战，依然与人有关

已知事实	应对策略
• 应对数字化颠覆的关键挑战在于，个人、公司和政策在适应技术变革的速度方面差距越来越大。 • 吸收能力是指公司识别并有效吸收知识和创新的速度。它是一种习得性能力，可随着时间的推移而获得。	• 进行 5 次或 5 次及以上数字化实地调查，在此过程中，你可以仔细观察数字化领导者利用技术推动内部运营及开展客户互动的具体举措。与同事分享你的观察所得，并邀请他们分享各自的观察结果。 • 根据实地调查的结果，至少确定 3 个可于次月启动、为公司提供开发新能力机会的试行方案。确保试行方案中有明确的学习目标，以便你在试行结束时进行评估。 • 实施上述方案，加以评估，并定期重复。

章末总结

03

冲破"数字化转型"藩篱,
成为数字化组织

THE TECHNOLOGY FALLACY

在过去20年间,"企业转型"一词为某些公司广泛使用,用以描述一种全新的运营方式。之后,"金融转型""供应链转型"以及"营销转型"之类的说法纷至沓来。技术在不断颠覆现状,"企业转型"一词也摇身变为越发时髦的"数字化转型",进入我们的视野。"转型"是一个十分有力的说法,意指跌宕起伏的剧变(与循序渐进截然不同)。然而,在过去6年的研究中,经过对数千家公司和个人进行的调查和访谈,我们认为:**对于试图融入日新月异的环境,并寻求出路的公司而言,"数字化成熟度"一词或许更有帮助。**

数字化成熟,成为数字化组织

在本书中,我们提出了数字化成熟的宏伟目标,并且认为,有效应对数字化颠覆和迫在眉睫的变革,需要一种统筹兼顾的方法。本书中不乏诸如"数字化颠覆""转型"之类的术语,因为目前大多数人在描述这些趋势时依然在使用这些术语,而这些趋势也恰恰是我们的研究主题。尽管如此,我们也想挣脱这些术语的桎梏去描述那些意义非凡、全面持久的变革,对于公司、人才和领导层而言,想要成功适应技术当先的竞争环境,这些变革必不可少,也有望实现。我们希望尽可能避免那些与数字化趋势相关的炒作。

我们将数字化成熟定义为：

　　通过利用公司内外的技术性基础设施所提供的机会，使公司的人员、文化、结构和任务保持一致，从而进行有效竞争。

这一定义借鉴了戴维·纳德勒（David A. Nadler）和迈克尔·图什曼（Michael L. Tushman）创建的"组织理论"。他们率先提出，组织一致性是实现企业最佳绩效的主要因素。该理论认为，只有当公司的基本元素（文化、人员、任务和结构）紧密结合在一起时，公司才能斩获佳绩。例如，一个保守且等级森严的公司若招的是活力四射的企业家，那他们的干劲和精力可能毫无用武之地。同样，一个结构完全扁平化的公司，如果以规避风险为企业文化，可能会举步维艰。

乍一看，要求元素一致似乎是在凭直觉行事，甚至可谓陈腐，但在不断变化的环境下，许多公司无法确保随着时间的推移这些元素还能协同运作，因此，"一致性"这个概念有了新的含义，并开始广泛传播。竞争激烈的新兴数字化环境需要这种一致性，而一致性的实现有赖于数字化平台，但仅仅使用这样的数字化平台还不足以使公司实现数字化成熟。

人才联盟（Allied Talent）是一家总部设在硅谷的精品管理开发咨询公司，其联合创始人兼首席执行官奇普·乔伊斯（Chip Joyce）说道："高级管理层往往对公司的实际文化漠不关心，这让我颇为惊讶。在高管口中，他们的公司公开透明、员工敢于冒险且士气高昂，但如果询问下层组织机构中的管理人员便会发现，他们对此难以苟同，认为公司内部信任水平极低。"当代商业何其复杂，若想寻求出路，公司应使自己的文化、人员、结构和任务这4个基本元素彼此协调，并与数字化环境保持一致，以便管理层有效应对不断变化的环境带来的挑战（见图3-1）。

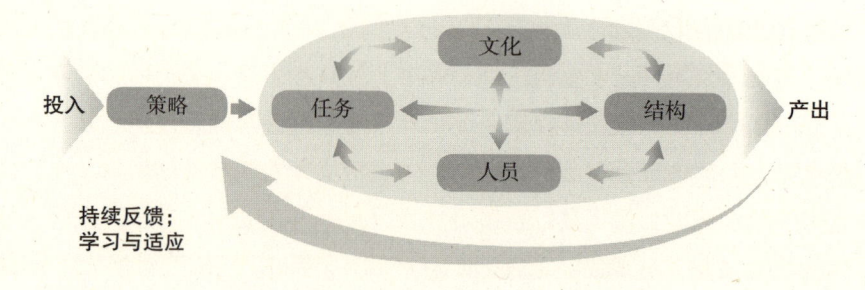

图 3-1　公司内彼此协调的 4 个基本元素

资料来源：D.A. Nadler and M.L.Tushman, "A Model for Diagnosing Organizational Behavior," *Organizational Dynamics* 9, no.2 (1980): 35-51.

在本书中，我们将对管理层如何在公司中创造数字化一致性，以及推动实质性的变革展开讨论。

然而，纳德勒和图什曼的理论并未对技术的发展加以说明。在图 3-1 中，为了说明不断变化的数字化环境，我们在公司的 4 个基本元素周围添加了一个循环。一个公司的文化、人员、任务和结构都发生在特定的数字化环境中，该环境又与这些元素相互作用；当环境发生变化时，这些元素也需要重组。为了与当前数字化环境的功能及特性保持一致，公司会重新调整各元素，通过实验和迭代引发变革，我们在第 14 章就此话题展开了深入讨论。从公司输出到商业策略的反馈循环则反映了实验和迭代过程。随着新技术的引入、采纳和日渐成熟，公司意识到了这些技术带来的变化，并做出了相应的调整。

简言之，我们相信，高水平管理的基本原则并不会因数字化颠覆而完全失去用武之地。**数字化颠覆改变的只是这些管理原则运作的环境，结果就是这些管理原则会以不同的方式发挥作用。**

公司面临着双重的巨大挑战。其一，过去 10 年左右，技术的发展突飞猛进，但许多公司并未重整组织结构来适应技术的发展。公司的运营方式和当前环境提供的可能性间存在较大差距，公司必须弥合这些差距。其二，面对瞬息万变的环境，公司必须不断适应。公司必须在某些方面做出改变，以满足数字化成熟度日益提高以及适应速度大幅提升的要求。当然，也有保持不变的方面。为了实现数字化成熟而舍弃高水平管理战术是不可取的，但确实需要根据当前环境更新战术。明白如何去做（哪些需要改变，哪些不需要改变）是数字化环境中管理者的首要目标。

因此，"数字化成熟"这一概念不应被误解为公司的一种一成不变的最终状态。准确地说，"数字化成熟"是一个灵活的过程，公司在这个过程中可以不断适应变化的技术环境，相应地调整其人员、文化、任务和结构。于传统公司而言，如果有可能尝试挑战的话，这一挑战似乎有点令人生畏，然而不破不立。领导者可能需要重新思考公司该如何运作，然后开发新的人才模式，挖掘新的文化特征和任务定义，以及发展更适应这种流动环境的组织结构。

数字化转型中的"异"与"同"

我们的观点是，任何公司都能应对数字化颠覆带来的挑战，这与许多所谓的"专家"的观点迥然不同，那些人想让你相信，只有少数人才能够真正进行数字化的思考。他们希望你相信，成功的数字化转型之路需要核心技术，这种核心技术要么是千禧一代（即数字化原生代）生来就能自然习得的，要么就是少数在硅谷科技公司工作过的人才能拥有的。他们希望你相信，一家公司如果不具备大量的这种秘密知识，就会被排除在广阔的未来之外。

古希腊人提出了一个哲学概念——"灵知"（gnosis），它指某种秘密知识，会令拥有者豁然开朗。但拥有这种知识的人可谓凤毛麟角，且往往地位显赫，远非不具备这种知识的人所能及。数字化时代卓有成效的领导者并不需要什么秘密知识，而是需要一种置身于几乎无力控制、千变万化的环境，却依然能够领导公司的能力。你可能会这样想："一个卓有成效的公司历来不就是如此吗？"我们对这样的反应司空见惯。简言之，答案是肯定的。我们用来实现数字化成熟的许多方法也并无新颖之处，但一些管理者却从未听过这些基本原理，或是在数字化颠覆的当下往往将其抛诸脑后，这让我们颇感震惊。

瞬息万变、不断与时俱进、追求卓越的领域反而很容易对这些基本原理视而不见。拼车平台优步成立于2009年（起初名为UberCab），企业社交媒体平台Slack也于同年成立，两者都对人们的工作方式产生了重大影响。就在2012年，一些公司还在问，Facebook能否在移动环境下使用。现如今，Facebook近80%的用户和70%的营收都来自移动平台，许多公司现在都信奉"移动优先"的准则。

数字化转型实践　DIGITAL TRANSFORMATION CASE

沃尔玛：制定数字化战略，在零售领域打好持久战

2016年，沃尔玛因以30多亿美元的价格收购了电商初创企业Jet.com登上头条，它还通过收购其他电子商务公司来巩固此次收购。在这几年前，沃尔玛已经发动持久战，打算利用10年时间进行投资，以增强自己的数字化业务能力。沃尔玛的领导层意识

到，要想与亚马逊一决高下，要想在数字化环境中脱颖而出，仅凭抢购领先的网络零售商是远远不够的。事实上，沃尔玛正在重新思考其业务的各个方面，以确保能长期跟上消费者行为的变化。

首先，沃尔玛正在改进经营策略，目前它正在开发购物应用程序、投资一线培训以提升物流能力；其次，基于公司领导层对未来10年的发展规划，这家全球零售商正在制定一项数字化战略。沃尔玛全球人力资源执行副总裁雅基·坎尼（Jacqui Canney）表示："在5～10年内，人们的购物方式会发生重大变化，人们也会期望得到全新的购物体验。这正是我们公司立足长远的原因。"

要实现数字化未来的愿景，公司需要焕然一新的工作方式。这就需要企业的人才、组织结构、文化与周围的数字化环境保持同步。坎尼说道："不是所有人都能意识到数字化对工作方式带来的改变。你需要做的是让员工明白，数字化不光关乎技术。"

沃尔玛正在整个公司内进行一系列非技术性的业务变革，为数字化未来做好准备。公司上下推行数字化人才技能理念，诸如客户至上、通力合作以及设计思维等。这些变化也成了高管述职时不可或缺的部分。坎尼说："我们现在需要的是业务数字化的指标和目标。今年，我们在领导层晋升的条件中新增了一项数字化领导力。"

数字化成熟的5个要素

对力求适应竞争日益激烈的数字化环境的公司而言，将重点从"数字化转型"转移到"数字化成熟"大有裨益。我们对术语和定义的选择源自心理学对于"成熟"的定义。丽塔·拉尼·塔卢克达尔（Rita Rani Talukdar）和乔伊斯里·达斯（Joysree Das）在《国际人文与社会科学发明杂志》（International Journal of Humanities and Social Science Invention）上发表的一篇论文中，将"成熟"定义为"以恰当的方式对环境做出反应的能力。这种反应通常是后天习得的，而非出于本能"。"数字化成熟"中有5个要素与数字化环境息息相关：

- **成熟是一个循序渐进、持续不断的过程，会随着时间的推移逐渐显露**。人不会一夜之间变得成熟，公司也一样，任凭销售商说得再天花乱坠，公司也不会在一夜之间实现数字化成熟。每个人在人生的不同阶段会有不同的发展目标——从幼儿期到青春期、成年期，再到退休期。同样，公司在发展的不同阶段也可能遭遇各种挑战，但它们总是可以继续成长和适应，在数字化领域变得更加成熟。

- **不应混淆"逐步成熟"与"非显著性变化"这两者**。蹒跚学步的孩子、儿童、青少年和年轻人之间的差异是巨大的，只有通过时间的洗礼才能逐步实现这些变化，而且每日的变化微乎其微。当公司的数字化成熟度提高时，你或许会发现需要改变经营方式。蹒跚学步的孩子、青少年和成年人的处世方式各不相同，同样，数字化成熟的公司也要相应地做出一些改变。

- **成熟之初，公司并不清楚自己的结局**。虽说想在长大后成为消防员、牛仔或公主的孩子中，只有一小部分人梦想成真了，但他们对于最终目标的不甚了解并未成为这个成熟过程的绊脚石。尽管许多公司并不清楚数字化成熟最终会是什么样子，但这绝不意味着故步自封。"致知在躬行"（Solvitur ambulando）这一拉丁短语源自古罗马哲学家圣奥古斯丁（St. Augustine），意思是"通过脚步来解决问题"。只有当你迈步走向数字化成熟时，你才会清楚实现数字化成熟对公司意味着什么。事实上，深入了解环境，考察自己在其中所处的位置，都是成熟的重要表现。

- **成熟是一个自然的过程，但绝不会自动发生。**实现数字化成熟是公司学习正确应对新兴竞争环境的过程。然而，天生就知道该如何去做的公司、领导层和员工是不存在的。即使是数字化的千禧一代也不一定清楚如何在公司环境中应用他们的技能。个人对技术的熟练使用，并不等同于公司内部或者公司本身知道如何有效使用这些工具。管理者必须拓展有关数字化趋势的实用知识，引导公司以正确的方式应对。反过来讲，对环境应对不当会显得格格不入。谁不认识那么几个不够成熟的人呢？当然了，大多数管理者并不希望自己的公司成为这种逆潮流者。

- **成熟永无止境。**虽然人们可能会想当然地认为，实现数字化成熟仅限于那些新兴的硅谷公司，但其实即使是老牌公司和资深员工也可以与时俱进、革旧鼎新。事实上，近年来我们看到的最令人耳目一新的趋势之一，便是越来越多的大型传统公司革新图强，以适应数字化世界的到来。不是所有公司都能一蹴而就或找到正确的转型方向，但至少对其中一些公司而言，革新的强烈意愿和能力预示着公司的美好未来。问题在于，其他公司是否愿意尝试这些改变，而不是让否定和对失败的恐惧绊住前进的脚步。任何时候开始数字化成熟的进程都不算晚，而且这一进程永无止境。

冲破藩篱，聚焦眼下

"数字化颠覆"和"数字化转型"等术语被人们翻来覆去地使用，以至于其说服力所剩无几，而且管理学专家和那些自诩为未来主义者的人长期以来一直大肆宣扬其危害性，于是人们对此免疫了，这与《伊索寓言》"狼来了"的故事中人们的反应如出一辙。正是因为市场中天花乱坠的炒作，接受我们采访的几位高管都对数字化相关的术语弃而不用。房地美（Freddie Mac）资产管理部副总裁克里斯蒂娜·哈尔贝施塔特（Christine Halberstadt）表示："这些术语虽说朗朗上口，但有些人对其无动于衷。我们应该使用能引起共鸣的语言。虽说我们的管理团队举双手赞成数字化转型，但我认为他们也正在适应这一术语表达。"另一家公司的一位高管打趣道，他们公司甚至通过使用非数字化表达方式"诱骗"员工接受数字化转型。

尽管我们对完全放弃"数字化"一词持谨慎态度（主要是担心没有人会阅读我们的研究报告和书），但在继续之前，有必要做一些澄清。《韦氏词典》将"数字化"定义为"以电子技术尤其是计算机技术为特征"。最重要的是，它将"数字化"定义为形容词，然而，现在越来越多的人将其用作名词。人们常会说："我负责的是数字化这一块儿""我们面向数字化"。区分"数字化"一词作为名词和形容词的用法尤为重要。名词有自己明确的特征，但形容词却是用来修饰名词的。

"数字化"一词本身并无明确的特征，但它却可以改变其他名词。公司内部可以有数字化营销、数字化战略、数字化人才、数字化领导力、数字化文化等。加上修饰词"数字化"，关注点就变成了我们该做出何种改变以适应业务流程的技术化。然而，我们奉劝读者大可不必纠结于随处可见的数字化术语，而是要对眼下更大的问题展开思考。"数字化成熟"换个名字照样有用，甚至用处更大，一切都取决于你所处的环境。

数字化转型的3个阶段

对数字化成熟的概念加以界定是开展研究的一个重要基础,然而,如何衡量一个公司的数字化成熟度也至关重要。在过去4年的每一项调查中,我们请受访者"想象一下理想公司的样子:数字化技术和能力使其改头换面,工作流程得以改进,公司上下的人才凝心聚力,无论现在还是将来,都能推动新商业模式的构建,都能创造新的价值"。之后,我们请受访者对照理想中的公司给自己的公司评分,评分范围为1~10分,其中1分代表与理想中的公司相去甚远,10分则代表可与理想中的公司相媲美。

我们将公司分为3类:初始阶段(受访者评分为1~3分)、发展中阶段(评分为4~6分)和成熟中阶段(评分为7~10分)。公司在这一评分范围中的分布状况类似于一个正态分布,只有不到1/2的受访者将其公司置于中间位置,即发展中阶段;1/4的受访者认为其公司处于初始阶段;超过1/4的人认为其公司处于成熟中阶段(见图3-2)。有趣的是,虽然这些数字在几年内保持不变,但在最近的研究中,我们看到了它向数字化成熟转变的趋势。这是否意味着公司开始朝着数字化成熟的方向发展?早期的证据,无论是有据可查的,还是只是传闻,都表明情况可能确实如此。

这种衡量数字化成熟度的方法利弊兼有。最重要的是,它有赖于感知型数据。尽管我们之前已经讨论过感知型数据的局限性,但鉴于这些数据对研究的重要性,有必要再复述一遍它们的局限性。普通员工是否知道理想中的数字化公司是什么样,他们能否对公司实现这一理想的效率做出准确判断?答案有可能是肯定的,也有可能是否定的。我们之前讨论过受访者是否了解对于某些趋势的"充分"反应是什么,与此如出一辙的是,老员工的见解较之高管可能更胜一筹,因为他们更清楚数字化趋势是如何于细微处改变(或不改变)工作方式的。

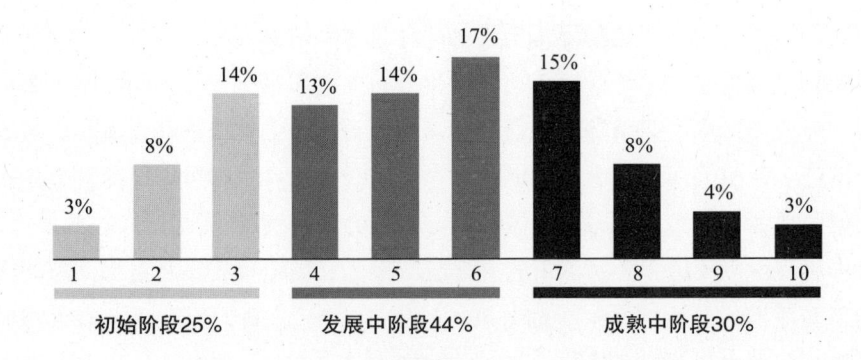

图 3-2 数字化转型的 3 个阶段

注：因有些百分比为四舍五入，所以数字化成熟度百分比总和不到 100%。

初始阶段 25%：1 (3%)、2 (8%)、3 (14%)
发展中阶段 44%：4 (13%)、5 (14%)、6 (17%)
成熟中阶段 30%：7 (15%)、8 (8%)、9 (4%)、10 (3%)

而且，我们请受访者将自己的公司与他们所认为的理想公司进行比较，并非是要他们评估自己公司的数字化成熟度，而是要他们评估其公司在数字化方面有多么不成熟。正如最高法院法官波特·斯图尔特（Potter Stewart）无法定义猥亵罪一样（他说"我只有亲眼看见才能做出判断"），普通员工也不一定能给数字化成熟度下定义，因此我们只是请受访者说出他们所看到的关于数字化成熟度的蛛丝马迹。总体而言，我们的受访者并未在其公司内发现数字化成熟的迹象，但他们认为未来可期。

我们衡量公司数字化成熟度的方法还有一个优点，它考虑到了公司内并非所有部门具有同等的数字化成熟度，且各部门成熟的速度也不尽相同。事实上，我们在高管教育研讨会上介绍一些研究成果时，请与会者对自己公司的数字化成熟度做出评价。来自同一家大公司的 3 位受访者分别给出了不同的答案，一个人认为公司处于"初始阶段"，一个人认为公司处于"发展中阶段"，最后一个人认为公司处于"成熟中阶段"。当我们请他们进一步回答时，显然，整个公司内的数字化成熟度并不一致。公司的房地产部门正在利用高级分析法来确定和优化建筑利用率，招聘部门则刚刚开始尝试人才库管理的新方法,而其他部门几乎没有想过技术会对公司有什么影响。这种方法要求个人根据亲身体验对公司数字化成熟度进行评分,使我们能够了解到数字化成熟背景下公司的特殊性,而无须再就某个公司成熟与否及其优劣争论不休。因此,尽管有关"数字化成熟"的公司的讨论将贯穿全书,但我们真正关注的是员工工作中会涉及的公司特征及相关部门。

为了与文化环境影响论相区别,我们采取了一种被称作"聚类分析"的统计方法,用来分析某些与数字化成熟度评价毫无关联的公司属性。我们生成了一个三集群解决方案,这与此处提及的数字化成熟度分类法几乎完全一致(我们将在第 11 章对此分析法进行深入讨论)。独立数据和分析都表明,这三种分类事实上就是解释所得数据的最佳方式。这三种分类法也深受采访对象以及看过我们研究结果的人的好评。所以,虽然我们并不否认,我们的衡量标准和分组并不是评估数字化成熟度的完美方法,但这两者背后是对各类数据的独立分析,而且我们在讨论大多数公司面临的技术问题时采用了行之有效的方法。它们为我们描述公司在数字化成熟度方面的巨大差异提供了一种方法,而且能帮助公司制定战略提升数字化成熟度。

数字化成熟永无止境

我们有必要对分类中的最后一个类别做进一步讨论。在我们看来,成熟永无止境,所以有意将最后一个类别称为"成熟中"而非"成熟",这也折射出了环境千变万化的特性。短期内,公司应对变化的速度并不会减缓。技术革新的速度远比个人适应变化的速度快,但个人适应变化的速度又胜过公司。事实上,在本书中,你可能会注意到数据中有一个有趣的趋势,这是我们历经 4 年研究得出的结论,即很多公司的数字化成熟度在大约 8 分的位置就达到了峰值,这大概是因为有些受访者一开始给自己公司评为 9 分或 10 分,经过与理想型公司对比，评分逐渐下降。这些原本拥有高评分的公司在数字化成熟度上评分出现下降，原因有很多，受访者样本数量少便是其中之一。

另外，我们要形成一种健康的认识，即你的公司离理想还存在一点点差距，而且将永远存在差距，这是成熟的一个重要表现。要尊重技术变革的持续性，要承认还有改进的余地，这可能是成熟的最高境界。即使是数字化方面日趋成熟的公司也在千方百计地维持现有成果。如果领导层都在有意识地努力提升数字化成熟度，那么，其他员工效而仿之则更是有利无害的。因此，公司需要制订一系列流程，以适应持续性的变化。我们将当前存在变化和适应变化的过程描述为"成熟中"，而非"成熟"，这才能反映现实。里德·霍夫曼（Reid Hoffman）在《至关重要的关系》（*The Start-Up of You*）一书中也表达了同样的观点，他劝诫我们要拥有"永久测试"（Permanent Beta）之心，意指我们应不断进行试验和调整，以适应环境变化。数字化成熟是指不断重新调整你的公司，更新你的战略计划，以应对技术形势的变化，因为它们会对你的公司产生影响。

机遇大过挑战

公司不够谦逊的另一个表现是，他们往往对数字化颠覆持完全乐观的态度。我们询问受访者，他们的公司将技术视为机遇还是挑战，答案有着惊人的差异（见图3-3）。超过80%的受访者表示，其公司将技术视为机遇，只有26%的人认为其公司将技术视为挑战。随着数字化成熟度的提升，将技术视为机遇的占比有所上升，但在不同的数字化成熟度上，将技术视为挑战的比例相对恒定。这一惊人的差异不合逻辑，也反映出企业领导层的天真的乐观主义，不禁让人联想到伏尔泰笔下的角色潘格罗士教授（Professor Pangloss），他相信自己生活在一个最美好的世界中。但是，如果技术对你的公司而言意味着机遇,那么它对你的竞争对手而言则意味着挑战,反之亦然。持乐观态度因而无所作为实在不是什么好现象。

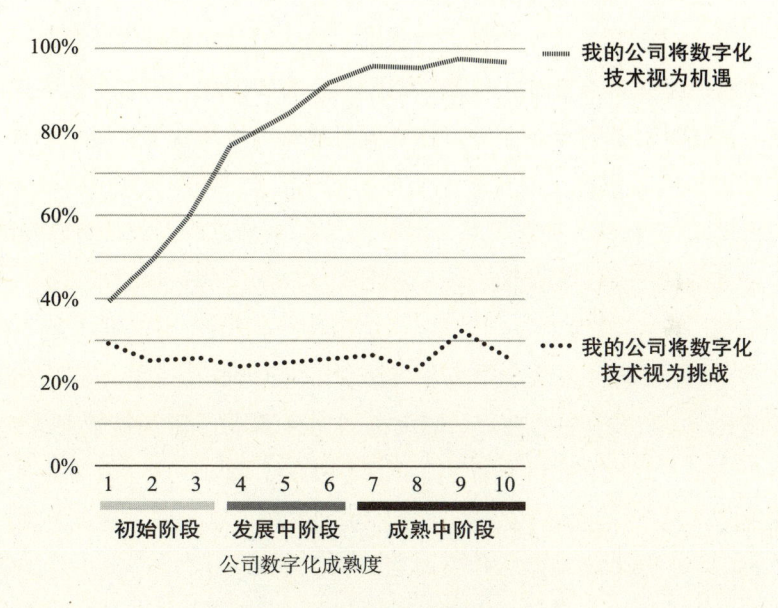

图 3-3 公司对数字化影响的看法

其他数据也能折射出这种乐观主义。我们询问受访者在未来 3 年内受数字化趋势的影响,他们认为对公司核心产品或服务的需求会增加还是减少。超过 2/3 的受访者认为需求会增加,而只有 1/10 的受访者认为会减少。当然,通过扩大市场和增加购买力,数字化浪潮可能会拯救所有公司。确实,这些公司的总部都有可能设在神秘的乌比冈湖(Lake Wobegon)小镇:"那里的女人都很强壮,男人都很英俊,孩子都不是一般的聪明。"① 然而,事实

---

① 由美国公共广播电视台一档广播小说节目主持人加里森·凯勒(Garrison Keillor)虚构的草原小镇。镇上的居民自以为聪明,但也总干蠢事。社会心理学借用这一地名指人的一种给自己打分高过实际水平的心理倾向。——编者注

极有可能是受访者完全低估了以下可能性——数字化趋势也给予了竞争对手同等甚至更多的机遇。如拥有成熟的数字化思维模式，应该能认识到数字化颠覆对公司而言既是机遇，也是挑战，公司应做出适当的反应。

即使是能推动公司前进的最佳战略或重复的实验，往往也都会被市场环境扰乱。此时恰是传统企业被迫将其劣势转化为竞争优势的绝佳时机。《大西洋月刊》数字化执行副总裁兼业务发展主管金伯莉·劳（Kimberly Lau）曾回忆道，10年前，在她还未入职时，这家杂志还是一家苦苦挣扎的传统媒体公司，当其核心印刷业务陷入危机时，不得不"转向数字化"。

"当时盛行一种说法，出版业将在5年内消亡，"因此，即刻向数字化转型成为这一权威刊物迫在眉睫的大事，"没有哪位领导能够独善其身。"早在2008年，《大西洋月刊》就尝试了博客和在线读物，这一做法有助于提升品牌效应，为今日刊物的发展打下了坚实的基础，金伯莉·劳如是说。

形势迫在眉睫，必须大步流星，必须无惧风险，必须眼疾手快，她说。事实上，如今纸质版杂志依然是企业不可缺少的一部分，虽然份额并不大，而且传媒产业已经更加倾向于付费订阅和多媒体内容。

章末总结

已知事实	应对策略
• 数字化成熟度描述你的公司如何正确应对一个快速发展与变化的数字化环境，以及如何适应并缩小差距。 • 数字化成熟包括调整公司的人员、文化、结构和任务，以便公司利用内外部由技术进步带来的机会。 • 数字化成熟是一个不断变化的目标，会随技术变化而不断变化。我们将数字化成熟度高的公司称为"成熟中阶段"，就是因为认识到了这一过程处于不断变化中。	• 花点时间（最好是和同事一起）想象一下数字化成熟度更高的公司可能是什么样。别忘了借助本书观点、你自己的数字化"实地调查"和其他研究。 • 放眼整个公司，确定哪些业务、部门、团队或职能部门最接近于实现愿景，哪些相距甚远。 • 制订行动计划去帮助一个落后部门超越目前的状态。行动计划应指出，在流程、人才、技术和经营准则方面应该做出哪些改变，以及哪些可以保持不变。 • 持续关注公司内的每一个落后者，直到最差和最强之间的差距缩小。

04

制定数字化战略,
在不确定性中寻找确定性

THE TECHNOLOGY FALLACY

我们为期 4 年的研究始终强调一点：清晰明确、始终如一的数字化战略是决定公司数字化成熟最重要的因素。评价公司正处于数字化成熟中的受访者中有 81% 的人认为，他们的公司具有清晰明确、始终如一的战略，而声称公司数字化成熟度极低的受访者中只有 15% 如此认为（见图 4-1）。这一发现提出了一个问题：数字化战略到底是什么？

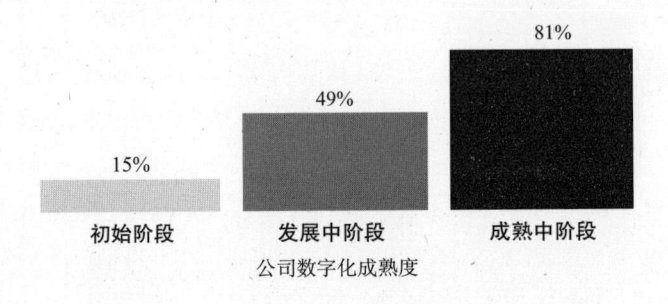

图 4-1 认为公司具有数字化战略的受访者比例

有关数字化战略的书不少，其中也不乏好书。来自麻省理工学院的乔治·韦斯特曼（George Westerman）和安德鲁·麦卡菲（Andrew McAfee），以及来自凯捷咨询公司（Capgemini Consulting）的迪迪埃·邦尼特（Didier Bonnet）在《领先数字》（*Leading Digital*）一书中就大公司如何利用技术获得战略优势进行了很好的阐述。他们用"数字化大师"一词来描述这种转型。麦卡菲还与麻省理工学院的另一位同事埃里克·布林约尔松（Eric Brynjolfsson）合作完成了畅销书《机器，平台，人群》（*Machine, Platform, Crowd*），这本书讲述的是人工智能、社交媒体和区块链如何创造新商机。哥伦比亚大学的大卫·罗杰斯（David Rogers）写了一本书，叫作《智慧转型》（*The Digital Transformation Playbook*），讲的是领导者应该如何更新思维。他认为，数字化力量正在颠覆5个关键性的战略领域，即消费者、竞争、数据、创新和价值。他还指出数字化颠覆对思维方式提出了新要求，最终会促使公司调整其价值定位以适应数字化时代，这让人不禁联想到迈克尔·波特（Michael Porter）的《五种力量》（*Five Forces*）。同时任职于波士顿大学和麻省理工学院的马歇尔·范阿尔斯蒂纳（Marshall Van Alstyne）在和同事合著的《平台革命》（*Platform Revolution*）一书中论述了平台商业战略。他们将Facebook、苹果、亚马逊及微软等平台业务公司与传统的渠道业务公司进行对比，后者有赖于典型的供应链概念将产品转移到市场。他们还概述了平台业务模式与渠道业务模式下经济规律的差异。

约翰·加拉弗（John Gallaugher）为本科生编写的教材《信息系统》（*Information Systems*）也值得推荐，它或许始终是关于数字化战略最前沿的一本书。加拉弗每年都会更新内容，在网上也能找到这本书的PDF格式版本。加拉弗（他也是本书合著者凯恩在波士顿学院的同事）以更加传统的角度看待数字化商业，对诸如谷歌、亚马逊等公司重塑商业格局的方式和原因展开讨论。

上述著作均见解深刻，写得很好，其作者或作者团队也都资历颇深，具备深厚的专业知识。这些书有助于管理者对数字化战略形成更深入的认识。它们有一个共同特点，即几乎都是回顾性的研究。这些书深入研究数字化战略的成功案例，分析其成功的原因，并提出了管理者应该遵循的成功原则。

如果贵公司面临着与亚马逊、Facebook、Zara 或谷歌一模一样的商业问题，这些经验教训是非常宝贵的。倘若公司与这些研究案例面临相同的战略挑战或机遇，这些"经验教训"无疑可使管理者受益匪浅。顺便说一句，关于数字化战略的书籍多如牛毛（亚马逊网站上就有上千本），但我们认为大多并无实质性内容，起不到什么作用。

你的公司在数字化颠覆下面临的诸多战略挑战和机遇可能都具有特殊性，这是因为每家公司所处行业、地理位置，以及面临的竞争环境都有细微差别。毫厘之差却影响巨大，因而"提升和改变"数字化战略的机会极其有限。这种情况不只存在于数字化战略中。管理学文献中不乏研究成功案例的文章和书籍，并鼓励大家向这些成功案例学习。但不幸的是，这些取得成功的公司中，还有一些仍在困境中苦苦挣扎。我们猜想，这些战略一开始就能获得成功的一个关键原因在于，其领导者先于他人看到了机遇或挑战。因此，我们虽然认同领导者有必要去吸取他人的经验教训，以便做出明智的决策，但也认为，制定数字化战略的更大挑战在于，积极思考并确定适合自身情况的战略举措。你肯定也不想只能打最后一场仗，而是想要为下一场战斗做好准备。

由于公司面临的主要挑战是使自己适应不断变化的环境，因此公司的数字化战略必然会随着环境的变化而变化。所以，数字化战略不一定是一项单一的长期计划，公司不一定要坚定不移地遵守该计划，也不一定要几十年如一日地执行它。相反，作为一个循环过程，它规定了数字化商业的总体目标，并制订短期计划使公司更接近目标，然后再根据公司从这些短期计划中获取的经验教训重新思考这些目标的本质。

缺乏战略，数字化转型的最大障碍

我们询问受访者，是什么阻止了他们公司的数字化成熟进程（见表4-1）。因成熟度各异，受访者的答案也有所不同。无论成熟度如何，困扰大多数公司的最大障碍可能在于有太多的优先工作要做。这是发展中和成熟中阶段的公司面临的最大障碍，也是处于初始阶段的公司面临的第二大障碍。然而，其本质上属于战略障碍。当公司的优先工作过多时，它们实际上也不清楚自己的战略重点是什么。

表4-1 不同成熟阶段公司面临的主要障碍

初始阶段	发展中阶段	成熟中阶段
战略匮乏	优先事项过多	优先事项过多
优先事项过多	战略匮乏	安全问题
缺乏对管理的理解	技术能力匮乏	技术能力匮乏

享有盛名的斯坦福大学商学院教授詹姆斯·马奇（James G. March）将已有商业举措与新的商业举措之间的权衡描述为"探索"与"利用"的关系。探索过程与创新有关，由于需要先搞清楚新流程，而这会导致短期结果不尽如人意，但新流程往往能达成更令人满意的长期结果。相比之下，因为公司是在以熟悉的方式做事，"利用"模式下能产生更佳的短期结果，但由于缺乏创新，长期结果整体上不尽如人意。大部分讨论"探索"与"利用"的文献都主张在既定流程和创新流程之间找到平衡，以实现长期和短期效益的最大化。查尔斯·奥赖利（Charles A. O'Reilly）和迈克尔·图什曼将能有效平衡"探索"和"利用"需求的公司称为"二元性组织"（ambidextrous organizations）。

我们在本书中也讨论了其他重大障碍。例如，战略匮乏对初始阶段的公司和发展中阶段的公司都是一大障碍，而制定数字化战略便是下一章讲述的重点。同样，技术能力匮乏是发展中和成熟中阶段的公司面临的共同难题，第 7 章会讨论该主题。处于初始阶段的公司"缺乏对管理的理解"，我们希望本书也能够解决这一问题。本书唯一未涉及的是安全问题，这一点对于成熟中阶段的公司来说尤为重要。在此强调这点只是为了证明，实现数字化成熟可能会带来新的问题，公司必须在发展后期正确应对这些问题。

数字化转型实践　DIGITAL TRANSFORMATION CASE

大都会人寿：自下而上的"点火"行动

大都会人寿是一家全球性金融服务公司，面临着来自全球同行和金融科技新贵激烈的竞争压力。大都会人寿制定的战略旨在解决其在金融服务方面存在的问题，并探讨如何利用技术提升自身竞争力。

执行副总裁兼全球技术运营主管马丁·利珀特（Martin Lippert）表示："大都会人寿的战略有四大基础，它们本身并不具备数字化属性。第一是优化价值和风险；第二是为对的客户提供对的解决方案；第三是加强分销优势；第四是推动卓越运营。"

利珀特希望公司以数字化思维来考虑这四大基础，从而改善客户体验，使公司尽可能高效运转。正如他所言："数字化是这四大基础的核心，并将它们结合在一起。"

为了给公司灌输数字化思维，利珀特采用了"自上而下"和"自下而上"两种工作方式。为了加强公司高管层的数字化思维，他最近带着几位高管和其他高层领导来到硅谷，与大都会人寿投资的几家公司的风险投资高管会面，而且还与科技公司、初创企业和大学合作，将新理念和新方法引入行政部门。

为了激发自下而上的想法，大都会人寿每年都会举办一场名为"点燃大都会人寿"的活动。在这场全公司范围内的聚会上，大都会人寿投资的风险投资公司旗下的投资组合公司会向员工展示创意，其中包括需通过创新解决的挑战。通过这项活动激发的新想法会进入概念验证阶段，如果初步结果成立，最终会在全球推广。

一个循环三个步骤，换种思维制定战略

制定数字化战略并不一定需要一群聪明而又精通技术的人坐在一个房间里想出一个宏伟的计划，然后在若干年内去实施该计划。成功的计划往往会创造出新的商机（参见第 5 章以获取更多信息），数字化战略的制定也是一个循环的过程，其中包括三个步骤：

- **步骤 1：换个角度看问题**。在这一步骤中，管理者需要明白在当前环境中可以采取什么行动。他们审视当前环境下的技术和组织能力，确定能对公司产生最积极影响的行动方案，这一行动方案将有助于消除数字化战略有效实施过程中的障碍。而经管理者确认的这一行动将会成为公司的战略目标，推动下一步措施的实施。

- **步骤 2：换种思考方式**。前期的短期计划可能有助于某一战略目标的确定，也有可能毫无帮助。如果成功地确定了战略目标，领导者就应考虑，朝着该目标奋进是否有助于培养新的能力。如果无法确定战略目标，领导者应该花点时间去寻找无法确定的原因，以及这些原因会对制定数字化战略的其他尝试造成哪些影响。重复这一步骤，直至能确定战略目标为止。

- **步骤 3：换种工作方式**。在这一步骤中，公司可以提出一个为期 6～8 周的计划，并朝着战略目标努力，以取得重大进展。在这一较短时间段内，公司需利用各种重要资源，尝试转变工作方式。

- **重复这个循环**。领导者根据在最后一个阶段形成的认识去重新评估公司面临的机遇，如此循环往复。

这一数字化战略的制定过程让人联想到定向越野比赛，即一种利用地图和指南针从一个地方跑到另一个地方的技能。在这一过程中，你会不断根据周边环境特征确定当前位置，并根据该位置信息确定到达目的地的最佳路线。然而，数字化战略的关键区别在于，你的行动目标处于不断变化中。因此，有效的数字化战略实际上是一个持续进行的战略化过程，其目的是使公司朝着这一不断发展的目标前进。

扭转规划未来的方式，坚定长远的眼光

你需要不断重新审视数字化战略，但这并不意味着公司的眼光应该局限于短期内。事实恰恰相反。除非你明确知道公司的未来方向，否则短期目标

可能会使你误入"歧途"。德勤的约翰·哈格尔很遗憾地表示，大多数公司在考虑数字化战略时，都未将眼光放得足够长远。大多数公司会提出 1～3 年内的数字化战略，而哈格尔主张，除了短期目标，还应制定 10～20 年内的数字化战略。在我们的研究中，只有 2% 的受访者表示，其公司会考虑制定长期的数字化战略，而只有 10% 的公司会制定 5 年或 5 年以上的数字化战略。

制定时间跨度如此之大的战略规划似乎有鲁莽之嫌，因为很少有人能充分预测未来几年占主导地位的数字化趋势是什么，更不用说未来几十年了。毕竟，在互联网热潮尚未兴起的 20 世纪 90 年代中期，谁能预测到如今移动设备、社交平台和分析工具的状况呢？然而，根据可预见的事物发展的一般规律，当时开始出现的任何趋势都有其开始和消亡的过程，即使存在一些不可预见的特例，譬如有些公司乘势胜出。不过和预期相比，只有一小部分公司从这些趋势中直接获益，更多公司实则深受其扰。

越来越多的领导者认识到了眼光长远的必要性。正如前一章所述，沃尔玛的数字化战略非常长久，这让我们深感意外。沃尔玛意识到，他们需要即刻开始进行数字化转型，因为消费者 10 年后的需求将与今日的需求截然不同。**成熟中阶段的公司在制定数字化战略时将眼光放至 5 年或 5 年以上的可能性大约是初始阶段公司和发展中阶段公司的 2 倍**。这一长期愿景有助于领导者更清楚地看到当前环境与未来状况的关系，也有助于管理者寻求最有效的途径，转变工作方式，使自己为未来做好准备。然而，公司该如何参与这一过程呢？

埃默里大学的管理学专业学者本·康辛斯基（Benn Konsynski）建议，公司应"扭转规划未来"的方式。与其考虑当下技术可能带来的下一战略步骤，还不如去设想一番未来的技术基础建设，然后再做下一步打算。否则，短期计划可能只会让你朝着错误的方向行进。

数字化转型实践 DIGITAL TRANSFORMATION CASE

思科：赶在颠覆之前，抢先改变商业模式

网络公司思科（Cisco）在数字化颠覆到来之前就收手了。尽管人们很容易将科技公司本身视为破坏分子，但随着科技发展趋势的转变，它们也可能遭遇颠覆。只需看看美国 DEC 公司（Digital Equipment Corporation）、王安电脑（Wang Computers）以及北电网络（Nortel Networks）等前行业巨头，就会知道科技行业也会轻易遭到破坏。事实上，Facebook 接管了太阳微系统公司（Sun Microsystems）的办公场地，将之作为它在门洛帕克（Menlo Park）的总部，那里依然保留着原公司的标志，时刻提醒着员工世事瞬息万变。

虽然思科仍然是一家利润丰厚的公司，但其领导者意识到世界正在发生变化。思科数字化部门高级总监詹姆斯·麦考利（James Macaulay）指出："虽然说到转型，人们并不会马上想到思科，但我们知道转型势在必行。根据面临的竞争态势，我们意识到了转型的必要性，未来 10 年里，我们打算重现前 10 年的辉煌，甚至要更加成功。我们的客户明确表示，就技术使用而言，他们希望获得更大的灵活性，也希望业务成果更加多样化。客户自己也面临着数字化颠覆带来的各种新的竞争压力，有一种巨大的紧迫感。我们知道要满足客户在未来若干年的期望，就需要改变商业模式和经营方式。"

"以前，思科作为一家硬件公司闻名遐迩。显然，这个世界依然需要大量硬件，但我们也知道，客户希望转变消费方式，在某些情况下，他们甚至希望消费服务。我们在思科实施的最大变革之一便是改变商业模式，使其朝着持续性营收模式发展。系列产品方面，我们也从以硬件为主的核心业务扩展到涵盖软件和服务在内的各种业务，实现收入构成多元化。"

"这实际上是在改变客户体验、客户购买方式，以及客户消费技术的方式，是在改变商业模式、市场进入方式，以及在派送、销售、配套措施、维护客户这一过程中涉及的所有操作方式。变革先从客户端开始，然后是商业模式，最后是运营方式。"其他公司都应该学习思科的思维方式，想想未来10年竞争环境将会如何变化，现在就开始重新思考自己的业务，以应对未来的改变。

训练长期战略思维：如何看待自动驾驶汽车

进行思维训练有助于凸显数字化趋势下制定长期战略规划的益处。至于如何及为何采用这一长期规划，一个绝佳例子便是自动驾驶汽车的市场需求。自动驾驶汽车在未来10年左右很可能成为主流，并会对除汽车以外的其他行业产生重要的战略影响，如财产与人身保险、医疗保健和房地产。我们很难精准预测自动驾驶汽车何时或如何成为主流，然而，可以肯定地说，在未来10～20年内，这终将成为现实。届时，无处不在的自动驾驶汽车可能会影响到多个行业：

- 汽车经销商。自动驾驶汽车的普及会对汽车经销商产生重大影响。当自动驾驶得以实现，汽车将无须等待车主驾驶。乘客预订优步一类的服务，自动驾驶汽车便会被派去接乘客。个人不一定需要拥有自己的自动驾驶汽车。然而，经销商网络在管理资本需求及售后服务方面的能力颇强，这使其成为某一区域运营和维护自动驾驶汽车网络的关键参与者。这种变化就要求汽车经销商大力调整战略及自身能力，从重销售转向重运营。

- **汽车制造商**。当个人不再是汽车行业的主要销售对象时，行业的设计方案也会发生变化，以前注重客户偏好，现在则更注重实用性。这一设想为汽车设计提供了一种可能性，即不再根据个人、家庭及其物品去实施载客量优化方案。我们将看到，单人乘用车、能定制大规模运输的大型车辆，或是用于货运的小型车辆会有良好的发展前景。

- **保险公司**。对利宝相互保险（Liberty Mutual）这样的保险公司而言，汽车保险是其业务的重要组成部分。自动驾驶汽车的出现会导致保险需求的变化（如自动驾驶汽车事故率较低），而且还会使投保人发生转移（如事故责任可能转移至技术制造商）。包括利宝相互保险在内的大多数汽车保险公司都认识到了这些变化，开始投入创新和新型运营模式，以便应对未来面貌一新的市场。

- **政府**。自动驾驶汽车的趋势对政府服务也有影响。自动驾驶汽车可以通过传感器收集数据，这些数据可上传至云端并发送回汽车，从而实现路线和车流量的优化。人们可能无须再依赖公共交通。既然可以随时使用自动驾驶汽车，何必花时间等待公共汽车或火车呢？平台可根据客户需求数据，实现热门路线拼车，这也是优步快车的目标。当汽车可以自行沟通路线、速度和意图时，人们对明文交规的需求就会下降，但不同类型的交通控制系统反而变得很有必要。

- **零售和餐饮业**。零售商店可以利用自动驾驶汽车进行商品配送。网上订餐公司欧洛（Olo）最近优化了配送平台，将自家软件与优步的软件相结合，使其具备按需配送功能。该软件还可以调整配送范围、备餐时间及费用，利用配送系统优化食品质量。如此一来，各行各业都可以使用自动驾驶汽车，这也会影响商店的设计和人员安排。欧洛近期通过与亚马逊网站合作来提供这些服务。

- **房地产**。房地产的估值也会受自动驾驶汽车的影响。某些情况下，市区的地皮可能会更值钱，因为人们购房时无须考虑停车问题。市区停车平台或停车场会有更有价值的用途。郊区的地皮可能也会更值钱，因为车流减少了，人们不用将时间花在开车上，而是会利用通勤时间完成其他工作。这些变化都会影响公司对办公地点的选择。

在继续往下推进之前，我们希望你已经充分了解了我们的观点。自动驾驶汽车的应用具有重大的战略意义，而且涉及多个行业。上述趋势会成真吗？没人说得准，但似乎至少有一部分会实现，还有一部分我们未提及的趋势也有可能成真。然而，该思维训练提出了一个问题：你的公司是否也进行过类似的思维训练，探讨一番自动驾驶汽车（或其他技术）将会如何重塑公司现有商业模式下的竞争环境？上述训练反映的仅是某一技术可能产生的一小部分一般性影响。自动驾驶汽车给你所在行业带来的影响可能与此处提到的有所区别。其他技术，以比较重要的几类为例，如增材制造、虚拟和增强现实、物联网、区块链和人工智能等，都有其必然性，都可能会对你的公司产生更大影响。面对制定战略时的种种不确定因素，管理者该何去何从呢？

动态思考技术重塑行业的可能性

还有一种富有成效的方法,即思考各种技术趋势可能会如何重塑你所在的行业。从我们最近参加的一次医疗信息技术大会来看,该方法的优势显而易见。当其他演讲者还在思考下一步该如何应用最新的电子病历时,我们却邀请与会者进行了一个类似的思想实验,探讨信息技术在大约未来10年内对该行业的影响。很快他们就会发现,等他们推动此刻正在讨论的电子病历在全国普及时,医疗行业很可能已经发生了翻天覆地的变化。到了那一天,非结构化数据和人工智能的支持可能会使他们正在研究的电子病历系统变为明日黄花。与会者还认为,由于信息技术基础设施非常昂贵,所以大型医师团队必不可少。然而,区块链技术有助于数据在医疗组织间流动,可以实现医疗组织间的连续性治疗,这就会威胁到对大型医师网络的需求,因为人们将不再需要大型医师团队去管理数据和提供连续性治疗。

参加医疗研讨会的都是一些聪明睿智、恪尽职守、见多识广之人,但他们却在战略思维上犯了一个错误,他们计划让自己的组织适应当今的数字化基础设施,却没有考虑到,当这一切完成时,他们好不容易适应了的数字化环境早就换了新颜。

任何橄榄球四分卫、足球运动员、冰球运动员或双向飞碟射击手都可以告诉你,如果想击中一个移动的目标,你需要领先于它,即瞄准它接下来要去的位置,而不是当前所在的位置。人们经常引用职业冰球运动员韦恩·格雷茨基(Wayne Gretzky)那句见解深刻的话:"我会滑向冰球即将要去的地方,而不是它已经在的地方。"但他也说过:"如果不出手,那你绝对击不到球。"和"冰球大帝"格雷茨基一样,处于数字化成熟中阶段的公司应将技术视为移动目标,并调整公司,以适应未来的基础设施。

章末总结

已知事实	应对策略
• 清晰明确、始终如一的数字化战略及其社会化是决定一个公司数字化成熟度的最重要因素。 • 技术能力匮乏和缺乏对管理的理解通常并不是数字化战略成功之路上的最大障碍。更大的障碍是要与其他优先事项"争宠",抢夺管理层的关注和资源。	• 花点时间去创建和记录你的数字化战略,着重帮助员工去理解:他们需要根据计划设想的未来改变现在的哪些行为。确保明确记录了战略的各个方面。 • 给员工机会,让他们创造和分享未来的故事(即如果战略设想的内容成真了,现实会是何种模样)。 • 针对所制定的战略和设想的故事,请你的客户和圈内合作伙伴参与抗压测试。确保你的战略有助于他们理解:如果战略所设想的内容成为现实,他们与你的互动会发生怎样的变化。 • 评估战略成功之路上的关键障碍,并确定解决和克服这些障碍的具体行动方案。

05

管道胶带法，
关注隐性的可供性

THE TECHNOLOGY FALLACY

数字化战略指的是使公司适应不断变化的环境，从而获得可持续竞争优势。"可供性"这一概念有助于理解数字化战略这种前瞻性的观点。"可供性"最早出现在心理学文献中，由詹姆斯·吉布森（James J. Gibson）提出，指的是人类或其他动物与环境可能的互动方式，揭示出动物和环境从根本上并不是彼此分离的，而是有着千丝万缕的联系。环境决定动物的行为方式，而动物（尤其是人类）可以通过改变其行动能力来改变环境。例如，电灯泡的一个关键功能在于让人们在夜间看见东西，而这一功能也使其他动物的行动受限，尤其是夜间活动的动物。

　　吉布森是康奈尔大学的教授，他在第二次世界大战期间担任陆军航空队的指挥，这期间，他研究了驾驶飞机对视觉感知的影响。"可供性"一词见于他的很多著作中，如1966年的《被视为知觉系统的感官》（*The Senses Considered as Perceptual Systems*）。在1979年出版的《视觉感知的生态学方法》（*The Ecological Approach to Visual Perception*）一书中，吉布森写道："环境的可供性指的是环境给予动物的东西，是它提供或者配备的东西，无论好坏。"词典中可以查到"可供性"的动词形式"提供"（afford），却查不到这个名词本身，因为它是吉布森自造的。吉布森借这个词代指既与环境有关又与动物有关的东西，而其他词都不具备这样的指代意义。该词暗示动物与环境之间存在互补性。

可供性概念后来为计算机科学和信息系统领域所接受，用来描述人们如何与技术进行互动。首先，信息技术改变了个人和公司在特定环境中的行为方式，而且带来了新的行动机会。如果没有信息技术，这一切就无从谈起。其次，从可供性的角度来看，人与信息技术从根本上而言是密不可分的。不仅是技术改变了个人和公司的行为，个人和公司使用技术的方式也改变了技术在实践中的效果。

同样，这一视角也为公司层面所采纳。技术可以改变使用它们的公司的环境，从而提供一系列新的可供性。随着公司学习和使用新的数字化功能，其组织结构也需要做出相应改变。事实上，哈佛商学院教授卡丽斯·鲍德温（Carliss Baldwin）和合著者金·克拉克（Kim Clark）大胆指出，在过去的一个世纪里，公司的规划就是为了服务于时代主流技术的需求。**从可供性角度看数字化战略的一个重要启示是，重心已经从关注技术特征转移到了关注技术如何使个人和公司开展新的战略行动。**

管道胶带法与数字化战略

在基层，可供性视角表明，仅凭拥有和使用技术不足以发挥业务优势。这一道理显而易见，但令人震惊的是，从行为看，公司好像根本不懂这个道理。它们要么认为仅靠采用最新技术就能改善其业务前景，要么将所有精力都投入到技术实施上，而未投入时间或资源进行必要的组织结构变革，以从技术提供的可能性中获益。

非数字化物品引发多种行动的一个最典型例子便是管道胶带。管道胶带

077

在20世纪40年代崭露头角，是美国强生公司一个部门的科学家的杰作。他们的初衷是研制出一款耐用且有弹性的胶带，适用于各种战时装备。这种胶带最早是军绿色的，原名为"鸭子胶带"，这充分反映了其防水特性。第二次世界大战后，该产品在建筑领域有了新的用途，比如将金属管道连接起来。随后，胶带颜色变为灰色，名称也变为了"管道胶带"。虽然管道胶带最初用于民用领域时，主要是用来密封管道，但该物品在不同场景下发挥的多种功能着实令人震惊。它可以作为服装装饰，用来制作钱包，可以解决太空飞行中的各种问题，越南战争期间还被用来稳定直升机旋翼，还可用来制作装水的容器，甚至治疗疣子等（我们所引事例大多源于维基百科中对管道胶带的介绍，确实颇为有趣）。

在亚马逊网站搜索"管道胶带"，可以搜到几十本关于管道胶带其他用途的书，包括家居装修、手工制作、医疗以及团建游戏等领域。列表中的第一本书便是《棒极了的管道胶带手工之儿童指南》(*A Kid's Guide to Awesome Duct Tape Projects*)。这本书的几位作者写了9本系列书，都是关于管道胶带用途的。美国电视节目《流言终结者》(*Myth-busters*)中有很多期也是关于管道胶带的。所以，认为管道胶带只有一种"正确"用途极其愚蠢。根据你的需求和兴趣，它可以有不同用途。

同样，认为某些技术只有一种"正确"用途也是极其愚蠢的。Twitter便是数字化领域的管道胶带。各个公司基于自己的需求，挖掘各种使用该平台的方式，真是令人叹为观止。与许多主流媒体一样，有些公司利用Twitter拓展其内容的覆盖面。其他公司，诸如达美航空（Delta）、捷蓝航空（JetBlue）以及西南航空（Southwest），都将Twitter视为一种有效的客户服务工具，以便在多变的服务环境中为客户提供支持。还有一些公司将Twitter视为商业智能工具。医疗保健公司凯撒医疗（Kaiser Permanente）利用客户在Twitter上生成的数据来确定商业运营中需要改进的领域。在发现客户经常因为没有停车位而投诉后，该公司利用定位标签来确定哪些设施存在最严重的问题。日产汽车利用 Twitter 宣传其营销活动。在一次大型全国车展上，在展示其高性能超级跑车时，该公司利用 Twitter 的视频应用程序 Periscope 进行了网络直播。粉丝们在 Twitter 上实时反馈，表达他们对新车设计最感兴趣的点。之后，日产汽车利用搜集来的信息设计其营销活动。美国红十字会和美国地质调查局通过监测关键词来侦测自然灾害的信号，速度远胜于传统渠道。

虽说不是所有技术都像 Twitter 这样能促成各种战略行动的实施，但我们主要想说的是，利用特定技术来实现业务目标的"正确"方式往往不止一种。公司面临的挑战是找到某种工具或平台为其服务的方式。

挖掘隐性的可供性

从可供性视角看，技术对公司的另一启示是：**我们要认识到，技术的某些战略影响可能不会即刻显现**。相关文献将上述问题描述为隐性可供性，代指我们可能无法立即认识到的行动可能性。只有当一个公司开始利用技术，并能更加清晰地意识到其潜力时，这些隐性可供性的潜在战略行动才会清晰可见。从可供性的视角来看，数字化成熟是一个循环过程，而非线性过程。在这一过程中，技术和公司环境随时间推移而相互影响。

技术创造的机会改变了工作方式，而工作方式的改变又为技术注入工作流程创造出新的机会。公司通常需要一定的时间来确定如何利用新技术以获得商业优势，并调整其流程和结构以加快实现这些新的可能的行动。例如，我们采访了一家公司，该公司采用专业鉴定工具来帮助员工识别和发掘专家。该工具分析员工生成的数字化内容，并自动为他们生成知识档案。虽然这项技术的目的是让公司中的其他人了解员工的知识水平，但其更大的影响在于帮助员工了解他们拥有的哪些知识对于他人来说最具价值。这往往会颠覆他们的职业角色或他们对自己价值的认知。公司从这项技术中获得的最有价值的战略优势在技术实施之初甚至都未被考虑过。员工还可以甄别工作中遇到的隐性可供性。一旦领导者了解了这些新用途，他们就会号召公司内的其他人员予以重视。

数字化转型实践 DIGITAL TRANSFORMATION CASE

荷兰皇家航空：玩转 Twitter，快速、高效地提供客户服务

我们以 Twitter 为例进一步阐释隐性可供性。随着对技术的不断使用，荷兰皇家航空公司（KLM，以下简称荷航）在对 Twitter 的使用方面也有了出乎意料的发展。

和许多航空公司一样，最初荷航将 Twitter 视作社交媒体营销平台。

2011 年冰岛火山爆发导致欧洲各地航线中断数日，荷航意识到，他们可以将 Twitter 作为一种强大的客户服务工具，用来传达公司打算如何解决服务中断的问题。自此，荷航开始在客户服务方面大量使用 Twitter 平台，因为领导层意识到 Twitter 是帮助客户的一个快速高效的渠道。

自从将 Twitter 用于客户服务领域，他们发现，Twitter 也是一种

很有效的失物招领系统，可在乘客通过安检后将丢失的物品归还给他们。乘客不能重新进入安检处取回物品，但员工可以过去将物品归还给乘客。荷航对 Twitter 的使用从此一发而不可收。

对 Twitter 的持续使用衍生出一些新的行动可能性，而与此同时，使用过程中公司组织层面的障碍也逐渐显现。例如，随着荷航越来越依赖 Twitter 和其他社交媒体，并将它们作为客户服务渠道，领导层意识到，作为一家全球航运公司，荷航需要具备跨时区、多语言能力。公司需进一步开发资源，以适应技术孕育出的新行动，并要有效执行这些行动。

循序渐进的可供性：先学走，再学跑

隐性可供性的概念表明，公司需要逐步制定有效的数字化战略。在我们的研究调查中，数字化战略的目标因成熟阶段而异。处于初始阶段的公司重点关注如何改善客户服务和参与度。除上述目标外，处于发展中阶段的公司往往更注重提升创新水平和改善商业决策的能力。然而，处于成熟中阶段的公司最有可能将企业转型纳入战略目标。的确，在最高水平的成熟度上，这些目标便都会开始发挥作用。

上述调查结果有如下启示：**首先，企业先要学会走路，再借助技术起跑。**对处于初始阶段的企业而言，如果尚未学到改善客户服务和提升效率的基础知识，就不应该直接尝试企业转型。只有专心学习这些基础知识，企业方能利用技术展开必要的组织结构变革，从而最大限度地发挥其作用。在具备了这些基本能力的基础上，隐性可供性、创新的可能性和决策方式的转变才会逐渐显露。一旦公司掌握了新的创新形式，以及由数据驱动的决策模式，就可以开始考虑企业转型了。但在初始阶段，公司转型所需的知识储备并不充分。

  其次，研究结果表明，我们所揭示的数字化成熟度实际上可能只是类别上的差异，而非增量的改进。也就是说，处于成熟中阶段的公司的运作方式与处于初始阶段和发展中阶段的公司截然不同。若想发展至下一阶段，仅在数字化方面做得更好可能还不够。公司借以进入现阶段的东西可能不足以让它进入下一阶段。公司可能需要借助不同方式做出努力，方能继续进入下一个成熟阶段。

  最后，我们的研究结果还意味着：实现数字化成熟的公司相较于不太成熟的公司，领先优势将会加剧。数字化成熟度很高的公司仍在尝试以不同的方式发挥其优势。只有当公司进入成熟阶段，真正的数字化转型之路才可能开启。在武术中，黑带并非专业技能的象征，而是成熟度的象征，到达这一阶段后，学生已掌握了武术的基本要领。在此阶段，"你已经学到了基础知识，现在要准备好开始真正的训练了"。

  我们经常会假设还有第四类成熟度，并猜测其形态，成熟中阶段的公司会努力向这一目标迈进，但永远达不到完全成熟。然而，这一柏拉图式的理想目标会促使数字化成熟中阶段的公司不断努力，变得更好，并转变自己的经营方式。我们将在第 15 章就此话题展开更深入的讨论。

虚假的可供性：数字化"安慰剂按钮"

  从可供性角度看数字化战略，也会衍生出虚假的可供性。虚假的可供性指的是没有任何实际功能的行为，一个很好的例子便是所谓的"安慰剂按钮"。最近《波士顿环球报》(Boston Globe)的一篇报道称,行人在人行横道处按下的行人过街信号灯按钮实际上毫无作用。然而,人们觉得自己的反应已经被捕捉到,所以他们可能会更愿意去等待按下按钮后信号灯的变化。如出一辙的是,人们赶时间时会多次摁下电梯按钮,即使知道电梯并不会因此加速,而且在大多数情况下,关门按钮并不会起到任何作用。数字化战略极其容易受到虚假的可供性的影响。虚假的数字化可供性是指那些可能会让人感觉一个公司在数字化方面更加成熟,但实际上并未对公司的有效运转做出贡献的事物。管理者常常被那些华而不实的事物所吸引,因为它们总是让人眼前一亮,而未考虑到它们是否会真正改变公司的运营方式——这便是行人过街信号灯按钮和关门按钮在数字化领域的对等物。

这一点在两个服装品牌的对比中表现得淋漓尽致。一家高档服装零售商在其位于曼哈顿的旗舰店投资了不少华而不实的技术,比如数字化试衣间、带有无线射频识别①标签的服装,以及允许系统根据客户已选商品推荐更多商品的复杂软件。该技术花费不少,但事实证明,除了新奇外,它并不能为客户提供真正的价值。这项技术最终被搁置,因为它带来的麻烦远超价值。

与此相反,世界上发展最快的公司之一 Zara,是利用信息技术基础设施传递"快时尚"的代表,它从流行设计中寻找灵感,并在数日之内将服装推向市场。然而,从技术角度来看,发挥这些优势的信息技术基础设施相对来说还不成熟。Zara 在技术上的支出约占行业平均水平的 25%,尽管零售业其他品牌举步维艰,Zara 却在发展壮大。该对比清楚地表明,获得和应用先进技术并不能替代强有力的数字化战略。技术使战略成为可能,却居于

---

① 射频识别(RFID)是一种自动识别技术,利用无线射频方式读写电子标签等,从而达到识别目标和数据交换的目的。——编者注

战略之后。

事实上，数字化成熟的公司和不太成熟的公司对于战略的看法不尽相同（见图5-1）。来自初始阶段公司的受访者表示，自己所在的公司对于数字化商业只是纸上谈兵。来自发展中阶段公司的受访者指出，其公司认为数字化战略是一次性的举措，对核心业务几乎不会产生任何影响。相比之下，来自数字化成熟阶段公司的受访者明确表示，数字化战略是自己所在公司发展战略的核心部分。

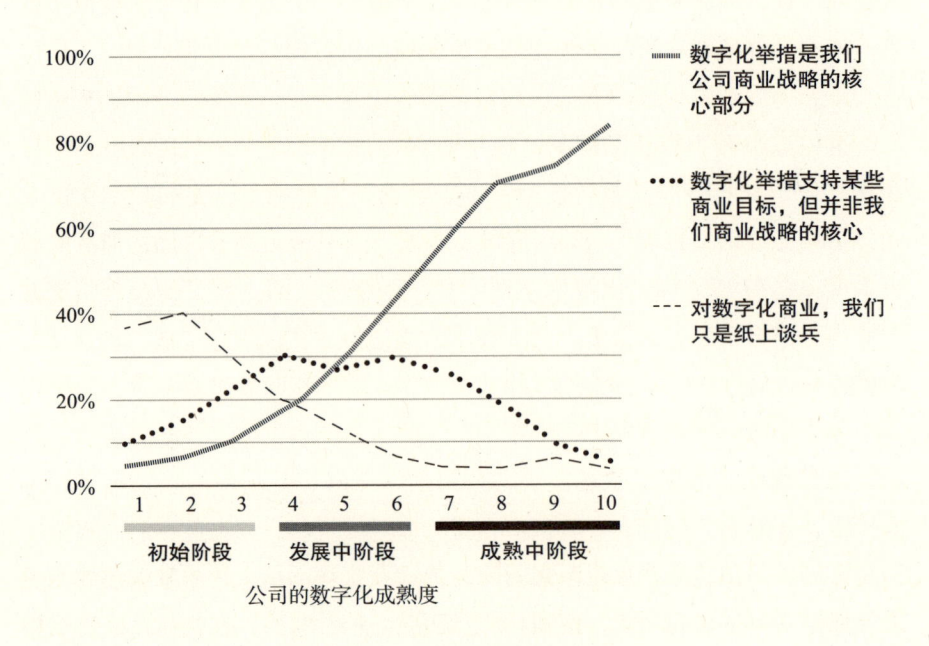

图 5-1 数字化商业的角色

注：只显示三种成熟度级别中位于前列的回答。

上述回答使我们在多年研究中发现的一个主题得以延续，即数字化战略不仅关乎思考新举措，使公司得以延续以往的经营方式且在效率上有所提升，而且要从根本上重新思考如何根据公司内外出现的所有数字化趋势开展业务，包括辨识新的服务领域、收入来源以及与员工的互动方式。

集体的可供性：员工是非常有效的传感器

许多有关可供性的文献都强调个人与环境之间的关系。如果所有股东都对技术的使用方式各持己见，那么公司就不可能有效运行。加州大学圣巴巴拉分校教授保罗·莱奥纳尔迪（Paul M. Leonardi）提出了集体可供性这一概念，使人们认识到公司需要利用技术，采取与公司内其他使用技术的人员保持一致或形成互补的行动方式。相较于那些由以不同方式使用技术的个体构成的群体，倾向于采用某种新技术、采取共同行动的群体表现得更好。

对集体可供性的需求凸显了管理层和员工之间通过强有力的沟通有效制定数字化战略的重要性。仅凭实施某项新技术远远不够，员工还必须清楚他们要用技术做什么，因为其可能的和最有价值的用途并非总是显而易见的。沟通包括领导层向员工清晰连贯地传达数字化战略愿景。这也意味着要听取员工关于如何在现实世界中实现愿景的意见，并修改愿景，使其适应技术的实际使用方式。

针对数字化战略中意想不到的障碍或潜在影响，员工是非常有效的传感器。他们会汇报这些问题，使领导团队相应地调整策略。在执行数字化战略的过程中，非高管层的领导者是处理突发问题的第一反应人，其反应极具价值。因此，一旦向他们有效传达了公司的数字化战略，当他们发现问题时，应该给予他们一些行动自由度。事实上，我们的研究表明，处于数字化成熟中阶段的公司将决策权不断交由组织层级的下层，如此一来，公司能更快地对数字化趋势做出反应，我们将在第 12 章更深入地讨论这个话题。

章末总结

已知事实	应对策略
• 从可供性的角度来看，技术的价值体现在它为你的公司提供的新能力上，而非仅仅拥有它。如同管道胶带一样，某一种技术可能会引发多种战略行动。 • 隐性可供性指的是由技术引发，但在一开始并不明显的战略行动。当你开始使用该技术时，它们就会显露出来。 • 循序渐进的可供性表明，须先掌握特定的能力，再去考虑如何培养后续能力。公司通常是从提升效率与客户体验转向改进创新及决策水平，再到进行商业模式转型。	• 通过采用案例场景在整个公司内开发技术共享流程，尤其是那些令人出乎意料的技术。帮助公司吸取他人的成功经验或失败教训。上述做法应该成为管理会议和各类沟通中的固定内容。 • 这种公司内的经验教训的分享是第2章章末总结中指出的试行方案的关键组成部分。

THE TECHNOLOGY FALLACY

第二部分　　重新思考数字化时代下的
　　　　　　领导力和人才

数字化转型新视角

1. 领导力的一项核心特质是培养人才,领导者须鼓励并推动员工实现自我提升。
2. 当今的领导者需要通过自身的影响力进行领导,而非命令和控制。
3. 成功的数字化转型是一个循环往复的过程,而非一次性项目。
4. 无法吸引和留住数字化人才是数字化颠覆带来的最大挑战。
5. 判断一个人时,要看他提的问题是什么,而不是看他的回答。

06

数字化领导力并非魔法

THE TECHNOLOGY FALLACY

说到"领导力",大多数人头脑中都会出现一些印象非常深刻的画面,并会将其与各种真实或虚构的形象联系起来,比如战士、政府官员、神职人员,再比如政治活动家和首席执行官。每个人心目中都有自己随时随地想要追随的领导者形象。有时,这种设想基于事实或个人经验,但更多时候,它是对某个人的神化,并日臻完美。亚马逊网站上,关于个人领袖和领导力的大部头书籍有成百上千本,大多声称自己揭示了领导力的奥秘。《匈奴王阿提拉的领导力奥秘》(The Leadership Secrets of Attila the Hun)以及《圣诞老人的领导力奥秘》(The Leadership Secrets of Santa Claus)等作品就属于此类题材。有声书《汉密尔顿的领导力奥秘》(The Leadership Secrets of Hamilton)也属于这种类型。

我们对领导力表现出了浓厚的兴趣,这并不意外。在充满动荡和剧烈变革的时代,我们渴望出现一些能够帮助我们坚持下去并获得成功的领导者。当公司在动荡的商业环境中寻求立身之地时,它也需要杰出的领导者来引导公司走入新的现实。领导者不仅需要创造能使大家团结一致的愿景,还需要创造条件去实现数字化成熟,主要是靠吸引最优秀的人才,并让引进的人才充分发挥他们的才能。但我们迫切地想知道,我们是否需要一个像亨利·福特或圣雄甘地或温斯顿·丘吉尔或菲尔·杰克逊这样的人物。你可以选择自己最喜欢的领导者。

我们的研究发现，有效的领导力是与数字化成熟度相关的因素中最关键的因素之一。来自初始阶段公司的受访者中，有20%～30%的人相信其公司领导者有能力和经验引领数字化战略（见图6-1）。相比之下，来自成熟中阶段公司的受访者中，对领导层有信心的占比约90%。此处有一个不可避免的问题，即就有效领导力而言，初始阶段的公司能从数字化成熟中阶段的公司那里学到什么？

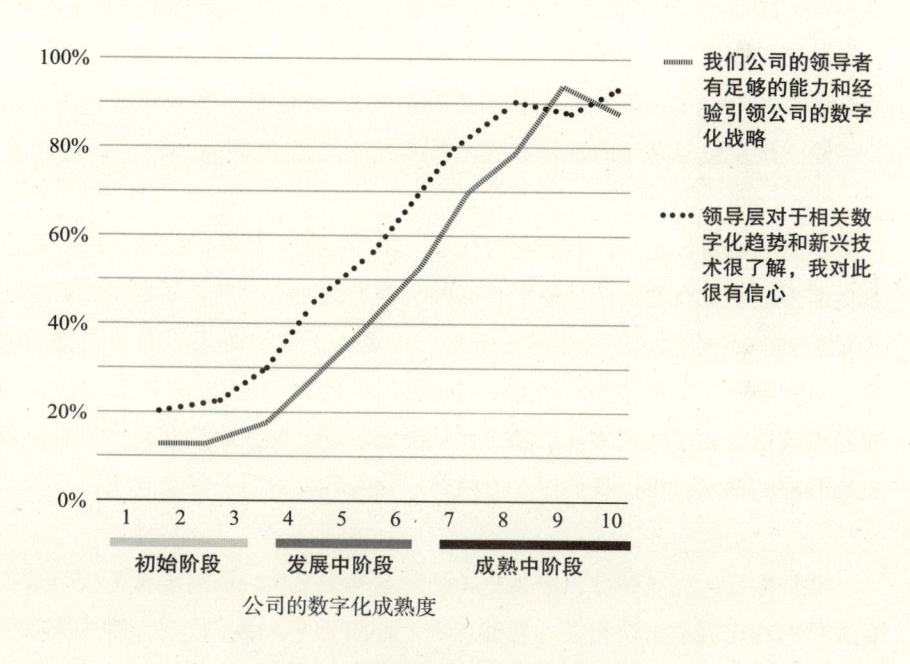

图 6-1 受访者对公司领导层的信心

变与不变，数字化领导力的关键挑战

　　数字化颠覆带来的剧变可能会让人迷失方向，挑战我们对领导力本质的看法。很多人坚信，不同时代需要不同类型的领导者。在战时，国家需要一位不同于和平时期的领导者。在盛世，国家需要一位不同于经济危机时期的领导者。需要例子吗？可以参考哈佛商学院助理教授高塔姆·穆昆达（Gautam Mukunda）发表在《财富》（Fortune）上的文章，题目是《杰斐逊和林肯：不同时代的不同领袖》(Jefferson and Lincoln: Different Leaders for Different Times）。我们对"不同时代需要不同领导者"这一理念深信不疑，导致数字化环境下关于领导力的所有讨论走偏了。有人说："在数字化时代，所有的规则都变了。领导力手册需要推翻重写。"也有很多人草率地得出以下结论：许多曾经高效的领导者能力不再。

　　但是，果真如此吗？数字化时代下，领导力的本质真的改变了吗？我们真的需要按下重启键，还是越来越多的不确定性导致我们忘了本，转而专注于最新的亮点？有没有可能同大于异，只是由于我们对当前的威胁感到恐慌，只顾着专注于那些不同之处了？是否因为数字化时代下的领导角色大多是首席营销官和首席人才官之类，而从历史上看，这些职位并不需要去应对日新月异的技术，所以我们对于有效数字化领导力的看法复杂化了？

　　我们假设，有效领导力的某些特征并未发生变化，而其他特征则与数字化颠覆的特定需求密切相关。问题在于，哪些变了，哪些没变？哪些有效领导力的原则未受数字化颠覆的影响，而哪些又需要调整？何时应"继往"，而何时又应"开来"？

数字化转型实践 DIGITAL TRANSFORMATION CASE

德勤领先创新中心：公司需从"规模化效率"向"规模化学习"转型

数字化时代下，变化的步伐加快，我们会面临很多新鲜和未知的事物，因此学习至关重要。德勤领先创新中心的联席主席约翰·哈格尔一直在研究各公司中的一线团队，并描述了这些团队带给我们的希望。这些团队规模不大，一般由 3～15 个人组成，他们长期共事，工作相互交叉，密不可分。其中有维修工团队，也有急救中心医护人员团队，这些团队大多以自下而上的方式仓促拼凑而成，且团队成员边工作边发挥创造力。与其他团队相比，这些团队的成员学习速度更快，提升业绩的速度更快，并能在此过程中创造新知识。但只有某一类型的领导者才能促使工作环境蓬勃发展，推动这些团队向前发展。

按照传统的做法，公司（和领导者）关注的是规模化效率。哈格尔认为，以前，在这种工作环境中，一位能力很强的领导者的标志是："无所不知，他清楚公司的发展方向、努力方向以及具体做法。无论遇到什么问题，你都可以指望领导给出答案。如果他给不出答案（但愿不会如此），那便是软弱无能的表现。辞掉他，找一位能给出答案的人来。"

在数字化环境中，公司需从规模化效率向规模化学习转型。这意味着领导层也需要转变。正如哈格尔所描述的那样："未来的领导者并非是知道所有答案的人，而是能够提出正确的、强有力的、具有启发性的问题的人，他会说'我虽然不太清楚，但这个问题极其重要。如果能解决这一问题，我们将一鸣惊人'。"该领导模式截然不同，它致力于营造一种能够鼓舞人们提升学习速度、推动团队合作并努力寻求答案的工作环境。

基因型与习得表现型

有效领导力的哪些特征经久不变，哪些又需要做出调整以适应数字化环境？进化科学让我们得到了启示。在进化科学的世界里，达尔文这个名字无人不晓。物竞天择和适者生存等概念最早是达尔文在其1859年出版的著作《物种起源》中提出的。然而，威廉·约翰森（Wilhelm Johannsen）这个名字却鲜为人知。约翰森是一位丹麦植物学家，他在19世纪末、20世纪初进行了一系列植物研究。他发现自己可以用携带相同基因的种子培育出大大小小的植物。约翰森在他具有里程碑意义的文章（及后续著作）中提出了"基因型"和"表现型"这两个术语来解释这一现象，这篇文章后来成为遗传学文献的奠基之作。

约翰森用"基因型"描述生物体所携带的一组基因。基因型是生物的遗传图谱，它在孕育期就固定了下来，并在机体的生命过程中保持不变。与此不同，表现型描述了生物体的物理特征，它是在遗传图谱和环境的相互作用下产生的。相同的基因型可以产生截然不同的表现型特征，这取决于生物体所处的环境。例如，一个携带高个子基因的人，其个子也会受到饮食、气候、疾病、压力和其他环境因素的影响而可能不高。

该比喻对我们理解数字化领导力的本质很有帮助。请注意，我们所指的并非个人基因，而是优秀领导者的特质。与全书主旨一致，我们坚信强大的领导力是一种习得性特质，并非与生俱来。有效领导力的基因型或所谓图谱，具有一系列特征，比如明确目标、激励员工以及促进合作。这些特质是优秀领导力不可或缺的组成部分，并将继续成为定义优秀领导力的重要指标。然而，相较于传统环境，这些基本特征在数字化环境中的表现方式将有所不同。

领导力的 8 个基本法则

关于领导力的书成百上千，比如史蒂芬·柯维（Stephen Covey）的《高效能人士的 7 个习惯》（*7 Habits of Highly Effective People*），以及约翰·麦克斯维尔（John C. Maxwell）的《领导力 21 法则》（*21 Indispensable Qualities of a Leader*）。我们并无取代现有丰富文献和资源之意。但就当下极其重要的核心领导力法则，我们愿意与你分享一二，其中一些将在本章详细讨论，还有一些将会在其他章节分享。

- **法则 1：目标明确，确定愿景和目标**。具有远见和方向明确一直都是领导力的基本法则。但在数字化环境中，该能力被赋予了新的内涵。我们的研究将其视作最重要的领导技能。当今商业环境存在各种不确定性和潜在可能性，领导者须具备对公司进行创新变革的远见，包括长期和短期的展望。

- **法则 2：商业判断，在不确定的环境下做出决策**。领导者总是通过合理的商业决策来展示其商业敏锐性及智慧。在更加数字化的环境中，即使信息不完整或不确定，领导者也无须再等待投资回报率（ROI）的分析结果或者早期绩效的评估结果，必须更迅速地做出决策。

- **法则 3：执行力，促使员工跳脱窠臼。** 领导者要想有所作为，总是需要依靠他人。在数字化环境中，为了有效达成该目标，领导者必须促使员工采用更具创业精神的思维方式，展开更具创造力的思考，通力合作，使他们自己也成为领导者。

- **法则 4：感召力，让员工追随你。** 数字化转型和数字化成熟带来巨变，本着带领员工适应这些剧变和不确定性，以及实现愿景的宗旨，领导者须起到振奋人心的作用。员工须自愿追随他们，而非迫不得已。

- **法则 5：创新，为员工的试验性实践创造条件。** 创新对于想要参与竞争的公司来说至关重要。但是创新需要试验，需要不断学习，最重要的是，需要冒险。然而，正如我们在之后的章节中会讨论到的那样，在许多公司中，害怕失败是进行试验和创新的巨大障碍。领导者须克服这个障碍，创造鼓励试验性实践的环境。

- **法则 6：人才建设，鼓励员工不断提升自我。** 领导力的一项核心特质是培养人才。在持续学习对能力建设至关重要的环境中，领导者须鼓励并推动员工实现自我提升，其中包括为员工提供接受新挑战的机会，以及支持员工在公司外进行自主学习（参见第 8 章和第 9 章）。

- **法则 7：影响力，说服和影响其他股东。** 正如我们在后面章节中会讨论的那样，公司图表中使用实线标示的层级结构会减少。相反，公司会越来越像一个点对点网络。仅凭权威而获得的权力将几乎不复存在，影响力和说服力将成为获得支持和完成任务的关键。

- **法则 8：通力协作，鼓励员工跨界协作**。我们将在第 13 章讨论，协作是实现数字化成熟的公司的核心特征。领导者须通过打破壁垒和增强跨部门协作来鼓励和实现公司内部协作，同时，也须通过拓展伙伴关系以及模糊公司的边界来实现公司外部协作。

关于数字化领导力本质的 3 个错误看法

基于基因型和表现型这个基因领域的比喻，我们可以明确指出领导者在数字化领导力方面经常犯的 3 个错误。

第一个错误正如我们讨论过的，许多领导者会错误地认为，成功的领导力属性在数字化环境中发生了根本性改变，他们认为，由于数字化挑战和对数字化能力的需求，优秀领导力的核心在某种程度上发生了巨变。该错误会导致领导者忽视许多已经过验证、真实可靠的经验和教训，并试图去做一些完全不同的事情。优秀的领导者如果因为环境的变化而忽视了自己在职业生涯中磨炼出来的有效领导力的本能，可能也会做出错误的决定。

第二个错误与第一个恰好相反，即领导者认为，在数字化环境中，优秀领导力的表现在某种程度上是保持不变的。虽然如此，但其表现方式在全新的环境中必定会有差别。就像在现如今的办公室里再也看不到复写纸、打字机和加法机[①]一样，在网络时代，领导者也需要更新自己的领导方式。

第三个错误是，许多领导者将数字化领导力的外在表现误认为是数字化环境下优秀领导力的表现。以数字化方式做事并不一定能使一个人成为有

[①] 早期的机械式计算器，用于记账计算，后被电子计算机取代。——编者注

效的领导者。例如，尽管数字化环境中的有效沟通可能需要使用数字化平台，但仅靠使用这些平台并不一定能促成良好的沟通。事实上，由于这些平台可以加快各类信息的传递，因此领导力无论是强还是弱，都可能会被轻易放大。

领导力中 3 个不能改变的特质

现在来看看我们得到的数据，这些数据揭示了数字化颠覆下保持不变的关键性管理特征，以及那些日渐凸显出重要性的特征。实际上，当与公司高管谈起我们的研究时，他们经常会问："这与我们一贯的做事方式有何不同？"我们经常会回答说没什么区别，但面对数字化颠覆，领导者往往会忽视优秀领导力的基本原则，这让人颇感惊讶。我们不妨看看推行新举措失败的公司中有多少受访者指出了这些问题，这表明这些重大教训值得反复讨论。

特质 1：关注新举措的商业价值，进行适当投资

领导力的一个重要特征并未因数字化颠覆而改变，那就是关注数字化举措价值案例的重要性。虽然这个教训似乎显而易见，但我们的数据显示，领导者往往过于关注技术层面，而忘了他们努力参与数字化的初心——改善公司的经营方式。技术只是数字化转型的一部分，更重要的是，如何利用新技术实现具有创新性的或更高效的商业策略。领导者往往认为，移动、分析、人工智能或其他新兴技术必不可少，却无法说清为何要投资这些技术，或者这些技术可以服务于什么样的商业目标。理解价值案例并不排除通过试验新举措来确定其对组织的潜在价值，这将是第 14 章的主题。事实上，研发是

在数字化环境中取得成功的关键性因素,你要确定为何要开始一项新举措,以及你的商业目标是什么,哪怕它只是一项试行方案。

该规则的一个必然结果是:一定要大量投资,以确保成功。令人惊讶的是,领导者往往期待项目进展顺利,却不给予适当的财力支持,也不提供资源。这一趋势的确凿证据在我们的研究中得以显现。我们询问受访者,他们公司的数字化新举措在总体上是成功的还是失败的(见图6-2)。我们发现,适当的投资是成功的关键因素,这似乎也在意料之中。认为新举措获得了适当投资的受访者中,有75%的人表示这些举措是成功的。相反,认为公司对新举措没有投入足够的时间、精力和资源的受访者中,只有34%的人认为新举措是成功的。

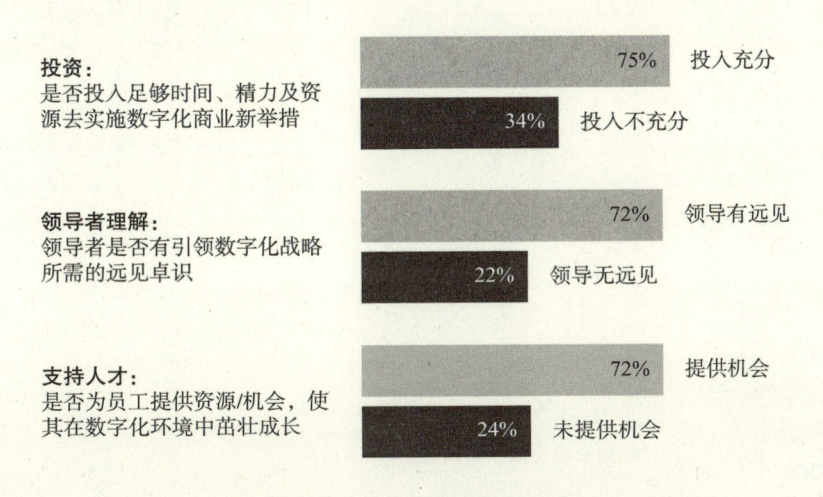

投资:
是否投入足够时间、精力及资源去实施数字化商业新举措
- 75% 投入充分
- 34% 投入不充分

领导者理解:
领导者是否有引领数字化战略所需的远见卓识
- 72% 领导有远见
- 22% 领导无远见

支持人才:
是否为员工提供资源/机会,使其在数字化环境中茁壮成长
- 72% 提供机会
- 24% 未提供机会

图 6-2 认为公司数字化新举措取得成功的受访者比例

投资的关键在于投资正确的事情。领导者通常认为,只要按制度办事,投资就算完成了。与此大相径庭的是,管理学者早就认识到,技术的引入改变了使用这些技术的人的共事方式。如同我们在本书中所主张的那样,如果

数字化转型本质上有关公司组织结构和人员，那么技术投资就只是数字化转型中真正投资的一部分。人们需要时间来学习使用新技术，公司也需要时间来调整其工作和沟通流程以适应新技术。

令人有些许不安的是，我们获得的数据表明，进行适当投资的公司和领导者与那些未进行适当投资的公司和领导者之间的差距可能会继续扩大（见图 6-3）。那些目前在数字化新举措方面投资不充分的公司的受访者认为，公司近期不会增加投资。相比之下，那些已经进行了充分投资的公司则更有可能追加数字化投资。

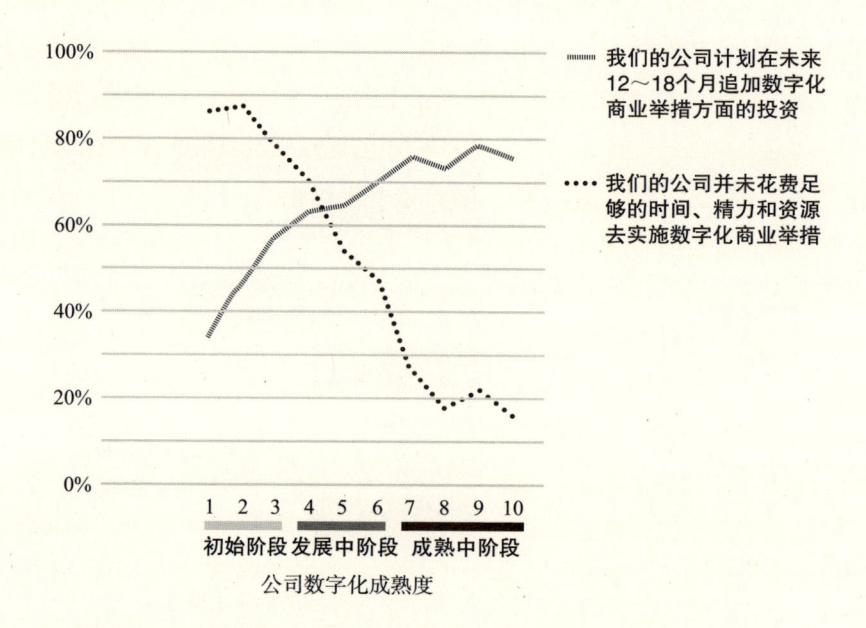

图 6-3　受访者对不同成熟阶段的公司追加数字化投资的看法

注：数字化成熟度落后的公司追加投资的可能性更小。

特质2：在数字化前线发挥领导力

高层管理人员的支持也是实现数字化成熟的关键。没有直接参与新技术选用或开发的领导者通常会认为自己并非数字化领导者。但随着企业数字化业务的日渐增多，所有领导者都必须成为数字化领导者。无论是否直接参与技术的实施，领导者必须理解数字化新举措的价值案例，以及为了实现这些目标，公司的哪些其他方面也需要协调一致。

如果高管们只是简单地将数字化业务交由技术人员负责，那就离失败不远了。高层管理人员的参与和对数字化商业举措的直接支持不仅向公司发出了这些举措极其重要的信号，而且还有利于使公司的其他方面与这些目标保持一致。认为公司领导者拥有数字化战略必需的远见的受访者中，有72%的人认为公司的举措是成功的，而在认为公司领导者缺乏远见的受访者中，只有22%的人认为公司的举措是成功的。好消息是，比起使技术人员具备领导经验和战略洞察力以有效领导数字化业务，教会高管层数字化商业知识通常会简单很多。

特质3：培训员工以获得成功

这就引出了优秀领导力未发生改变的第三个方面。若想成功，领导者必须提升员工的能力，赋予其自主权。数字化举措不可能仅仅因为有了来自高层的授权就大获成功。如果仅因公司采用了一些新技术，就期望员工参与到新的工作流程中来，那你会大失所望。员工不会主动参与的，他们通常没有时间，也不知如何在现有工作职责之外迅速弄清新的工作方式。领导者必须给员工成长的机会。相比于关于投资水平的研究结果，这项研究的结果更为明显，与有关愿景的研究结果类似。认为公司为他们提供了在数字化环境中茁壮成长的资源和机会的受访者中，72%的人认为他们公司采取的数字化举措是成功的。然而，在表示公司并未为其提供机会和资源的人中，只有24%认为公司采取的数字化举措是成功的。

机会可以有多种形式。员工应该有接受充分培训的机会，以学习如何有效地使用技术和参与相关工作流程。培训无须采取传统的课程形式，可能只需确保有足够的在线资源来帮助员工学习（并确保员工能意识到有这些资源）。或者可以让员工在公司内部频繁轮岗，这样他们可以从同事那里学到其他工作方法。员工必须有时间和空间去适应新的工作方式，因为他们很可能已经习惯了让他们感到安全和熟悉的既定的工作方式，而新的工作方式需要有足够的时间及认知资源去探索和学习。

科幻小说作家阿瑟·克拉克（Arthur C. Clarke）指出，任何足够先进的技术都与魔法无异。许多领导者将技术视为一种复杂的魔术（或是骗局），只是因为他们不理解技术背后的基本原则。然而，当我们躲在幕后观察魔术表演时，便会发现，只不过是有人在操作那些事先存在的旋钮和控制杆罢了，与领导者之前的做法并无两样。的确，这些旋钮和控制杆可能看起来有点奇怪，而且拉动旋钮和控制杆产生的效果可能会有所不同，但是数字化领导力本质上并无区别。数字化领导力只是领导力的一种形式，虽然它所处的环境是全新的。这些原则并非魔法，对于一名有效的领导者而言，这些原则也并不是那么费解。

章末总结

已知事实	应对策略
• 强大的领导者对实现数字化成熟的公司至关重要。来自数字化成熟中阶段公司的受访者中，有约 90% 的人表示其领导者具备领导所必需的技能，而来自初始阶段公司的受访者中，只有 20%～30% 的人如此认为。 • 优秀的领导者总是需要一些核心领导技能，但在数字化成熟中阶段的环境下，还需要一些其他技能（如管理网络）。	• 从本书中列出的原则开始（如领导思维活跃的团队网络，而非传统的层级结构），列出数字化成熟中阶段的环境下你认为最关键有效的领导力因素。 • 评估自己（并请同事也参与评估），目标是找出最大的不足，同时进行 360 度评估。 • 要求每位领导制定一项策略以弥补这些不足，并将这些策略纳入目标设定和评价过程中。 • 对现有领导者进行分类，以确定他们是否拥有（或能够培养）这些能力，或者是否需要寻找新的领导者。

07

以变革为导向,成为卓有成效的数字化领导者

THE TECHNOLOGY FALLACY

优秀的数字化领导力在很多方面并无变化,但这并不意味着一切照旧。随着公司环境的变化,成为卓有成效的领导者所需的技能可能也会有所变化。然而,在数字化环境中,这些特征的呈现方式可能与在之前环境中的呈现方式有所不同。

例如,我们知道,有效的领导者极富感召力,且具有非凡的沟通技巧。然而,在当前环境下,有效领导者所使用的沟通工具和平台与几年前有很大的不同。如今,我们的生活中随处可见聊天群组 Slack、Facebook 的企业通信软件 Workplace、Yammer 和 Jive。在这种环境下,10 年前我们对某个问题或争议的迅速回应现在看来未免过于迟缓。有效的领导者会利用最好的工具来实现沟通目的。在当下的环境中,管理者甚至可能需要重新思考,如何使用电子邮件才能成为有效的沟通者。

再举一个例子,说说信任吧。我们知道,在员工、客户及其他利益相关者之间建立信任是优秀领导力的另一关键特征。但是,数字化环境追求的是高度透明化,因此,领导者建立信任的过程将与往昔截然不同。就在不久前,公司尚可控制某些信息的传播,有权将某些问题公之于众,而将另一些问题私下处理。罗马作家普布里乌斯·西鲁斯(Publilius Syrus)、叶卡捷琳娜大帝（Catherine the Great）和文斯·隆巴迪（Vince Lombardi）等众多名人都给出忠告，认为领导者应该做到"公开赞扬，私下批评"。然而，在当前的信息环境中，领导者不能想当然地认为任何信息都可以保密，必须做好公开应对所有情况的准备。因此，管理者必须采用不同的管理方式，才能建立先前的那种信任。

转型成功的公司，更需要数字化领导力

无论数字化领导力由哪些特质构成，我们的研究中有一点是明确的，即数字化领导力是迫切需要的。我们询问受访者，想要在数字化时代获得成功，公司是否需要寻找新的领导者（见图7-1），68%的人认为，公司确实需要新的领导者来参与竞争。

令人更为惊讶的是，具有不同数字化成熟度公司的受访者对该问题的回答大体相同。初始阶段的公司中，77%的受访者表示需要新的领导者，成熟中阶段的公司中，有55%的受访者持相同观点。换言之，成熟中阶段的公司里超过半数的受访者认为，公司领导缺乏领导力。

与其哀叹大多数公司缺乏真正的数字化领导力，不如清醒地认识到，数字化领导力的建设确实是一个巨大的挑战。随着周围环境的不断变化，领导者必须不断应对新挑战，并使公司和领导风格适应新环境。成功应对这些挑战需要新的技能和能力，而在过去，领导者并不需要这些东西。

```
                                          ••••  我的公司需要寻找新的领导者
100%                                            以在数字化时代获得成功

 80%

 60%                                      ——— 我的公司正在有效地培养有能
                                                力在数字化环境中领导公司的
 40%                                            领导者

 20%

  0%
      1  2  3   4  5  6   7  8  9  10
       初始阶段   发展中阶段   成熟中阶段
              公司数字化成熟度
```

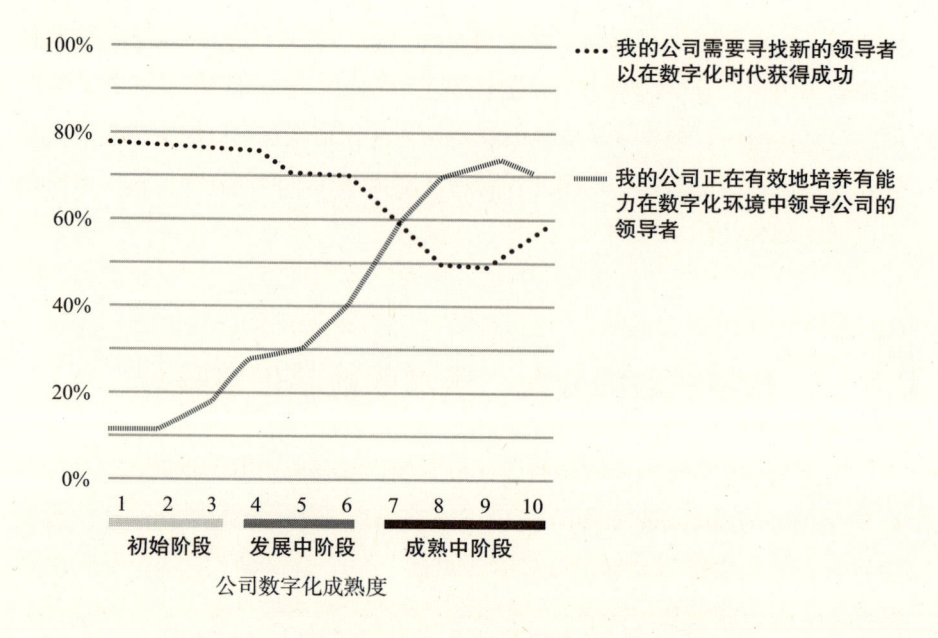

图 7-1　受访者对公司是否需要新的领导者的看法

数字化转型实践　DIGITAL TRANSFORMATION CASE

澳新银行：优秀领导者需用好"自身影响力"这一利器

　　澳大利亚和新西兰银行（ANZ Bank，以下简称澳新银行）负责数字化银行业务的集团高管迈莱·卡内基（Maile Carnegie）认识到，21 世纪的领导力大有不同。她的团队重新梳理了对优秀领导力的定义，认识到运营一个层级分明的命令-控制型公司与运营一个领导力更灵活、分散的公司所需的领导技能有着天壤之别。其中包括两个要素：

- **要素 1：精通技术**。卡内基说："我们寻求的两大技能是精通技术和领导力。就精通技术这点而言，我们需要更多的软件工程师。我们需要会使用工具、拥有一技之长且精通于此的人。不幸的是，20 世纪的大多数公司对成功的定义并非躬行践履，而是管理手下做事之人。在你手下做事的人里，有曾经优秀的营销人员、优秀的数据科学家、优秀的软件工程师。这些人一旦得到晋升，就不再从事自己的专业。因此，重中之重是让员工回归技术，不断精湛自己的技艺。"

- **要素 2：领导力**。"在当今社会，成为一名优秀领导者所需的第二项技能是保持好奇心。当今的领导者需要通过自身的影响力进行领导，而非命令和控制。但有些领导者只有命令控制这一件利器，因此这对他们来说并非易事。"卡内基表示，早在招聘过程中，澳新银行就开始培养这种类型的领导者。所有职位都开放招聘，所有员工须重新申请职位。对于领导岗位，筛选的第一标准便是文化观念和具备领导潜力。如她所述："在千变万化的新环境中，并非每个人都具备我们寻求的所有特质，但我们相信，如果他们拥有正确的文化价值观和领导态度，那他们培养其他技能的速度也会相对更快。"

目前，能应对大多数公司所面临的挑战且卓有成效的数字化领导者并不多。但这正是数字化成熟中阶段的公司有别于不太成熟的公司之处。数字化成熟中阶段的公司也正积极采取措施解决缺乏有效领导力的问题。我们询问受访者，其公司是否在有效地培养有能力在数字化环境中领导公司的领导者时，他们的回答截然不同。有 63% 来自成熟中公司的受访者表示，他们的公司正在有效地培养所需的领导者；来自发展中阶段公司的受访者中有 33% 的人持这一观点；在初始阶段公司的受访者中，持这一观点的人仅占

13%。在数字化颠覆的浪潮中，虽然所有类型的公司都面临着缺乏卓有成效的合格领导者的问题，但成熟中阶段的公司更有可能采取行动，积极培养这一类的领导者。

数字化转型实践 DIGITAL TRANSFORMATION CASE

财富 100 强公司：培养综合性、交互式的领导力

一位财富 100 强公司的首席数字官谈起他是如何在自己的团队中培养数字化领导力的。首先，他主要专注于培养内部人才。他说："我们的成功很大程度上有赖于培养自己的人才。我安排全体主管接受培训，仅在我的团队里就有 50 多个人参与，培训的目的在于培养他们的跨职能领导力，帮助他们成为最优秀的领导者。接受培训、训后指导，以及预先评估，这一过程为期数天，需要全力以赴，且要求异常严苛。"

其次，他希望培养公司领导层的多种能力，但并不是人们提到数字化领导者时能立刻想到的那些能力。他主张，人才培养模式并非要为领导者提供数字化技能，而是通过训练，使领导者有能力在由工具主导的环境中实现高效领导。他说："这种领导能力在于如何使他人参与其中并且激励他人。比如，如何创造共同的愿景？如何调动各部门力量管理和完成项目？当目标的轻重缓急难以协调时，如何解决冲突？这种综合性的，或是我们称之为交互式的领导力在我们的工作中至关重要。坦率地讲，听了这番话，你会发现，我其实只字未提任何与数字化能力有关的内容。我所强调的是一种综合性、交互式的领导力。"

数字化领导者的 5 项能力

为了了解哪些技能和能力在数字化环境中更为重要，我们直接询问了受访者。在一项调查中我们问道："若想在数字化环境中取得成功，公司领导者应该具备的最重要的技能是什么？"我们为受访者提供了一个可以自由作答的简单的文本框，回答形式不限。在 3 700 名受访者中，有 3 300 人回答了这个问题（受访者只能选择一项技能作答）。有些寥寥数语，有些写了不少。根据答案的相似度，我们的研究团队将 3 300 个回答进行了归类（见图 7-2）。

变革性视野： 22%
了解市场和趋势、商业敏锐度、解决问题的能力

具有前瞻性视角： 20%
清晰的愿景、合理的战略、远见卓识

了解技术： 18%
富有经验、数字化素养

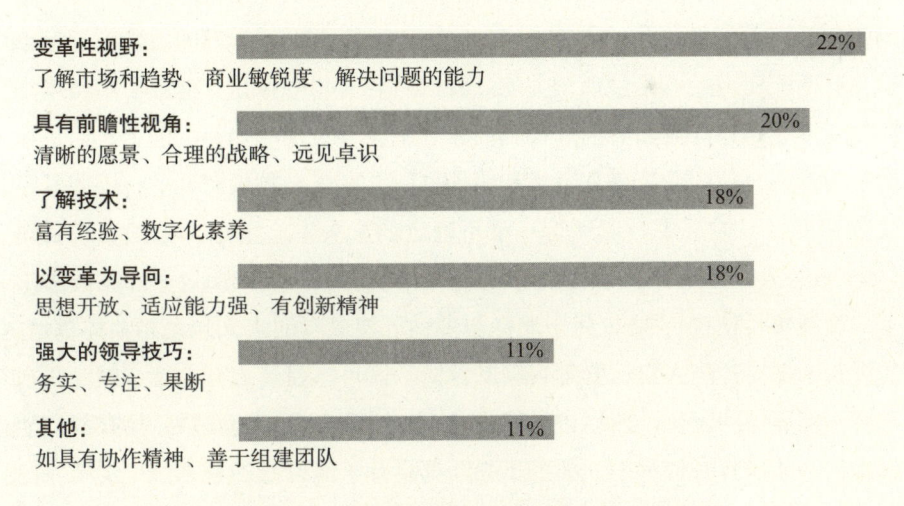

以变革为导向： 18%
思想开放、适应能力强、有创新精神

强大的领导技巧： 11%
务实、专注、果断

其他： 11%
如具有协作精神、善于组建团队

图 7-2 公司领导者应该具备的最重要的技能

受访者的答案表明，**领导者需要了解技术，但技术能力本身并非具备有效数字化领导力的先决条件**。数字化领导力指的是在数字化颠覆创造的新商业环境中发挥领导作用，而非掌握技术。根据受访者的回答，诸如以变革为导向或具备变革性视野等特征比精通技术更加重要。此外，对这些回答的进一步研究表明，这些答案是相辅相成的。这些答案共同为我们描绘了一幅数字化环境中有效领导力的令人瞩目的复合式蓝图。

变革性视野及前瞻性视角

长期以来，构建愿景和明确方向一直是领导力的重要组成部分。但在数字化环境中，它们因强调未来的变化而呈现出新的重要性。根据我们的调查，受访者认为，最重要的技能是培养变革性视野（占22%），包括对市场和趋势的了解，具备商业敏锐度，以及成为优秀的问题解决者。第二重要的是具有前瞻性视角（占20%），包括清晰的愿景、合理的战略及远见卓识。这两项能力显然是息息相关的。我们对后者的解释是，能够了解技术如何改变商业趋势；对前者的解释是，领导企业应对这些趋势的能力。愿景指的是为势在必行的变革确立目标和明确方向。变革是翻天覆地的，因此具备变革性视野至关重要。说到为一个不确定的未来确立愿景，美国塞纳公司（Cerner）人口健康部高级副总裁约翰·格拉泽（John Glaser）为我们提供了一种视角。他说："要致力于那些与多种可能成真的未来息息相关的事情。告诉我未来要让病人自己管理自己的健康，这可不是什么好主意，因为我根本看不到那样的未来。所以，虽然我并不知道事态将如何发展，但在我们能想象出的几乎所有情形中，那些事物间都会有千丝万缕的联系。"

数字化素养，让你做出明智的决策

在最重要的技能中，了解技术仅位列第三。我们需要对这些答案的本质展开更为细致的研究，以了解这一技巧背后的意义。受访者表示，领导者需具备经验和一般性的数字化素养，而非编程或数据科学等任何核心技术能力。换言之，对领导者而言，重要的是要了解技术发挥作用的一般性原则，以及该技术会带来什么样的能力（及可能性）变化。

领导者的数字化素养极其重要，体现在以下两个方面。**首先，它对前面提及的两种领导能力，即具有变革性视野和前瞻性视角，起到强有力的支撑作用。**不懂数字化技术的领导者将无法跟上新兴趋势和发展动向，也无法理解这些趋势如何为公司和员工带来新价值。例如，最近有位高管说道："10年前，我们怎么可能知道奈飞公司等流媒体播放平台会独占鳌头？"然而，差不多同一时期，商学院的本科课程中就在教授这些概念。该首席执行官的战略失败在于他缺乏数字化素养，否则他就可以预测到这一新兴趋势了。

其次，了解技术发挥（及未发挥）作用的一般性原则，能使领导者做出更优、更明智的决策。在不确定的环境中，这一点尤为重要。好消息是，这一基本知识并不难掌握，而且，帮助成熟企业的领导者掌握数字化知识，往往比教会技术人员有效领导所需的战略知识要容易得多，也更为有效。此外，数字化素养意味着领导者可以鉴别某种技术是否适用于某些商业应用。从2018年扎克伯格出席国会听证会可以看出，政府领导人显然缺乏数字化素养。这些官员对Facebook的商业模式和价值主张明显缺乏基本的相关知识。虽然国会因知识匮乏饱受媒体揶揄，但我们猜想，这也反映出了很多企业董事会成员的数字化素养水平。

这一趋势尤为重要，因为我们的研究表明，领导者的数字化素养也与公司的数字化成熟度息息相关。初始阶段公司的受访者中，只有大约10%～15%的人相信公司的领导层了解数字化趋势，而在数字化成熟中阶段公司的受访者中，持此观点的人大约有80%～90%。美国癌症治疗中心（Cancer Treatment Centers of America）的克里斯廷·达比（Kristin Darby）对此做出回应："拥有与时俱进的能力与远见卓识，明白移动和数字化可以改变体验，而且能够与患者产生共鸣，我认为这正是我们努力寻找的东西，只不过很难找到。但技术的到来有助于提升这些能力，即文化契合度、始终如一的愿景和技术能力。"

如果领导者对技术带来的机会和挑战有着深刻的理解，他们就更有可能进行必要的公司变革，以实现数字化成熟。当然，我们有必要谨慎说明，这种相关性并不等同于因果关系。也许，是数字化成熟中阶段的公司在积极寻找具备数字化素养的领导者，而不是具备数字化素养的领导者创建了实现数字化成熟的公司。

数字化素养至关重要，因为它可能是受访者指出的其他重要技能的必要条件。如果领导者不了解环境如何或为何发生变化，也不了解公司所具备的应对能力，以及不知如何使用能促进变革的工具，那他们就很难具备变革性视野。如果他们对未来可能的模样没有任何概念，就不可能具备前瞻性视角。

以变革为导向

与了解技术并列第三位的最重要的特征是领导者必须以变革为导向，即思想开放、适应能力强、具有创新精神，有18%的受访者认为这一点最重要。这一特征也为先前几个技能提供了一个重要的限定条件。开放的思想至关重要，因为领导者必须适应不断变化的环境，而且如果技术和市场环境的发展出乎意料，他们也需要做好改变方向的准备。

这种变革导向的思维模式也是数字化领导者必备的知识。数字化领导者的知识储备必须不断更新，以适应技术的变化。如果公司没有一个使领导者可以定期更新知识的工作流程，那么久而久之，他们的数字化知识就会过时。领导者可以通过各种各样的实践来扩充其知识储备，比如正规的继续教育、内部教育、代际间青对老培训项目，或从纷繁多样的网络课程中任择其一。

强大的领导技巧

受访者认为至关重要的最后一个领导特质是强大的领导技巧，它主要指领导力的推动及执行，包括具备务实、专注和果断等特征。一旦领导者具备了必要的数字化素养、变革性的前瞻视角和以变革为导向的思维模式，他们也必然能够履职尽责，毅然决然地领导公司走向未来。很多时候，数字化领导者面临的最大挑战在于是否拥有实施必要变革以使公司适应新兴环境的意愿。

Facebook向移动平台的转型就是一个很好的例子。直至2012年，专家们还在质疑Facebook能否适应移动环境。当然，该问题现已解决，因为Facebook大约有85%的广告收入来自移动平台。然而，这一结果并非一早就注定的。在2010年前后，Facebook尝试调整电脑端界面以适应移动环境，当时他们选用HTML5作为编程语言，而当开发本地应用程序成为主流时，工程部门需要重新装配设备以适应这种新环境。当技术环境朝着意想不到的方向变化时，该公司具有足够开放的思想和足够的适应能力，并做出了必要的调整。

领导者还需具备的 4 个特质

我们询问受访者，要帮助公司在数字化浪潮中找准方向，领导者还需具备何种特质（见图 7-3）。令人有些意外的是，在数字化成熟度各异的公司中，受访者的答案竟相差无几。下面仅详述前 4 个特质。

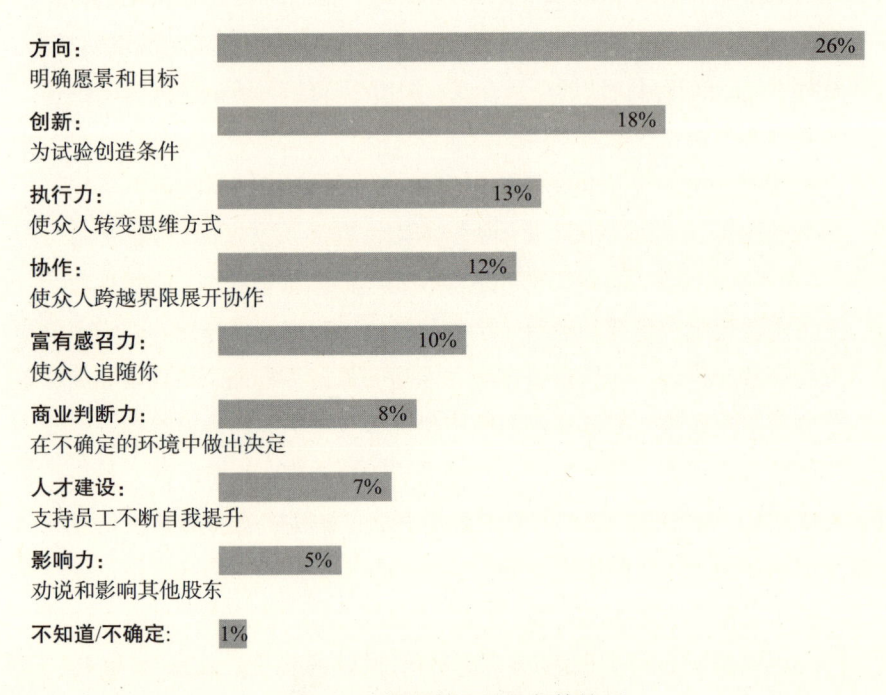

特质	百分比
方向：明确愿景和目标	26%
创新：为试验创造条件	18%
执行力：使众人转变思维方式	13%
协作：使众人跨越界限展开协作	12%
富有感召力：使众人追随你	10%
商业判断力：在不确定的环境中做出决定	8%
人才建设：支持员工不断自我提升	7%
影响力：劝说和影响其他股东	5%
不知道/不确定	1%

图 7-3 领导者还需具备的特质

注：含位列前三的答案；受访者首选答案的百分比如图所示。

- **特质 1：方向，明确愿景和目标。** 谈及领导者最该具备的特质时，明确愿景和目标这一点呼声最高。宏伟的愿景和明确的目标就像是指引员工开展工作的指南针，尤其是在分散式工作环境中，员工的自主决定权更大。然而，光拥有宏伟的愿景可能还不够，领导者还须创造机会变愿望为现实。麻省理工学院的乔治·韦斯特曼说道:"要推动数字化转型,首先,你得有宏伟的愿景,以明确自己未来的方向,预知将要发生的变化。其次,你得想方设法使员工与你拥有共同的愿景,并使其具体化。最后,你需要强大的管理方法。我们应该着力培养哪些能力,从而不断推动变革?"

- **特质2:创新,为试验创造条件**。这是受访者普遍认为领导者需要具备的第二个特质。咨询师埃德·马什(Ed Marsh)介绍了某大型食品加工公司创造出这些条件的方法:"首先,我们需要招聘和选择那些风险承受能力更强的人。其次,思考如何才能创造一种公司环境,使员工愿意发挥聪明才智,勇于尝试,哪怕失败了也不要紧,甚至从中有所收获。最后,我们希望建立一些虚拟或真实的平台,人们可以在其中体验一番,将新点子和商业模式投入试验,并让高校、企业家等也参与其中。"

- **特质3:执行力,使众人转变思维方式**。第三个最受欢迎的特质是能促使众人转变思维方式,从而执行变革。转变思维方式不仅关乎了解员工的想法,还需要了解客户的期望,并做好相应的应对准备。思科的詹姆斯·麦考利说,公司发现"顾客想要转变消费方式",即他们需要更高的成本价值、体验价值和平台价值……于是我们便知道必须有所改变"。

- **特质4:协作,使众人跨越界限展开协作**。最后,受访者一致认同的是使众人跨越界限展开协作的能力。我们问了另一个问题:在公司中,协作的最大障碍是什么?受访者表示这些障碍主要是公司组织结构层面的,比如文化、思维模式和壁垒。我们的受访者都泛泛谈到了跨界合作的问题。贝丝·伊斯雷尔女执事医疗中心（Beth Israel Deaconess Medical Center）的约翰·哈拉姆卡（John Halamka）谈到了与创新性组织的合作；卡地纳健康集团（Cardinal Health）的布伦特·施图茨（Brent Stutz）谈及与合作伙伴的合作；斯坦福大学的梅利莎·瓦伦丁则谈及学习与机器人合作的必要性，她称之为"协作机器人"（co-bots）。在数字化世界中，协作势在必行，且有各种可能性，其本质超越了简单的公司内部沟通。

想实现变革，就要构建分散式领导文化

数字化时代领导力的另一关键区别在于，公司内部的领导力源于何处。20世纪的企业呈现层级结构，说到领导力时，人们只会放眼于公司结构图的顶端。随着变革的步伐，这一做法已不再适用，而且有效领导力的来源已不止这一处。当我们谈及领导力时，我们指的是公司所有层级的领导力。然而，我们也观察到，很多公司声称其领导力已经下移，但现实却与之脱节。59%的首席执行官认为他们下放了决策权，但只有33%的副总裁和主管级受访者认为情况属实。

至于高管们是否以为他们下放了决策权，只是未加执行，或者较低级别的员工是否未能承担起决策责任，这些目前还不清楚。人才联盟的奇普·乔伊斯就这种脱节现象表达了自己的看法。他指出："公司中层，即第一级或第二级的管理者，对公司的印象通常与公司高层大相径庭。公司内缺乏信任，大家都认为在公司内部没有什么机会。在公司内的职位越低，对商业战略的认识、对公司是否具备成功所需条件的认识，就会越发摇摆不定。"

数字化成熟度欠缺的公司有一个特点，其领导力仅囿于公司高层。这通常会导致整个公司都认为数字化战略只是说说而已，因为无论该战略如何精细清晰，如何构思完备，它实际上永远局限于最高管理层的圈子。要想实现变革，公司必须在各层级实现有效领导。我们会在后续章节讨论到，数字化成熟中阶段的公司的层级结构更简单，决策权呈现下移趋势，因此，决策的速度更快，也更明智。

有转型意愿，以及分清轻重缓急

数字化领导力难题的最后一个方面便是转型的意愿。公司必须有意进行转型，并分清转型工作中的轻重缓急。我们的研究表明，数字化转型是否成为企业管理的头等大事，是预测企业数字化成熟度的一个重要指标。86%来自成熟中阶段公司的受访者认为数字化转型是企业的头等大事，相比之下，初始阶段公司中有34%的受访者持此看法。受访者还表示，实现数字化成熟的一个主要障碍就是公司同时有太多相互竞争的优先事项。优秀的数字化领导者能够辨别出哪些变化需要努力去适应，并不懈地专注于此。

现在就是开始的最佳时机。数字化能力与公司运营方式之间的差距日益扩大。如果你的公司要等到市场证明传统业务模式一败涂地之时，那可能为时已晚。优秀的数字化领导者预见了数字化颠覆趋势，并有意采取了相应措施。

成功的数字化转型是一个循环往复的过程，而非一次性项目。这就需要灵活的思维模式和组织结构，方便公司做出反应。强大的数字化领导力能够帮助公司在长期的循环往复中咬定企业愿景不放松。

章末总结

已知事实	应对策略
• 实现数字化成熟的所有阶段都需要强大的数字化领导力。管理者可以在公司的每一层级发掘和培养领导力。 • 明确愿景和目标并为员工创造试验的条件都是管理者可以改进的关键领域。此外，还需要促使众人转变思维方式并推动跨界合作。 • 数字化领导超越了传统公司命令－控制的层级结构，以开发富有活力、能更自主地采取行动的组织结构网络为导向。	• 在公司各个层级重复第 6 章章末总结中描述的过程。 • 与较低级别的管理者进行访谈和展开小组讨论，目的是了解在他们看来，怎样才能以更成熟的数字化方式进行领导。 • 针对这些发现，决定应该采取什么行动（例如，组织结构和流程变革、新技术、培训机会等）。 • 确保目标设定和评估过程有助于加强培养适用于数字化成熟中阶段公司的领导力特质。

08

面向未来持续学习，
数字化人才的发展原则

THE TECHNOLOGY FALLACY

"员工是我们最重要的资产。"企业领导层经常会出于善意发表此类观点,但这种说法实在只是平淡无奇的老生常谈,几乎已无任何意义。然而,高超的数字化战略的最基本要求就是发掘优秀的人才。在日新月异的世界中,一个公司的最佳战略就是夯实基础设施建设,使其能够在风云变幻的汪洋大海中乘风破浪,而这就需要从最强有力的资产——员工——着手。

技术日新月异。随着准入门槛的降低,技术不再代表着持续性竞争优势。公司需要迅速行动并转变思维方式,需要别出心裁、锐意创新,需要未雨绸缪、有所作为,以及创造新的价值模式。只有使人才各尽其用,方能实现以上目标。公司需要深谋远虑,想方设法吸引和留住人才,还需要明白该将什么基础设施、流程和机制落实到位,从而使员工能够展开广泛协作,因为人才对公司的诸多价值都是在员工互动中被发掘出来的。

我们的研究表明,事实上,**无法吸引和留住数字化人才是数字化颠覆带来的最大挑战**。然而,在谈论如何吸引和留住有价值的人才之前,我们有必要澄清,在日益数字化的工作环境中,什么样的人才和技能至关重要。

硬技能、软技能与混合技能

在一个技术日新月异的世界里,专业技术能力和综合能力都至关重要,且已成为未来工作和职业生涯的必备条件。但这并非什么新鲜事物。1957年,苏联发射了第一颗人造卫星"伴侣号"(Sputnik),令全美大跌眼镜,且发射时间比美国早了几个月,这也让美国人无地自容。这一事件"在美国掀起了一场迫在眉睫的科学教育革命。美国科学界长期以来一直在寻求科学教育发展的新方向,他们抓住国民心理,大力推行课程改革"。

如今,我们正在经历属于自己的"伴侣号"效应。事实上,过去 20 年间,对 STEM(科学、技术、工程和数学)教育的投资不断增加,表明人们已经认识到,这些领域在个人、公司和区域竞争力中发挥着重要作用。类似"编程女孩"(Girls Who Code)这样的项目、举措和公司层出不穷,都旨在鼓励孩子们从事这些学科;编程夏令营、机器人夏令营,甚至 K-12 阶段[①]的 STEM 学校都在设法满足家长们的需求,使孩子为未来做好准备。技术是美国就业增长最快的领域之一,这一强有力的数据使其追加了在 STEM 教育方面的投资。美国劳工统计局(Bureau of Labor Statistics)曾预测,2012—2022 年间,这些领域的就业人数将增至 900 万。我们的研究表明,公司对编程、数据科学和分析等专业技术能力的需求最高。然而,虽然硬核和深厚的专业技术能力对未来而言意义重大且不可或缺,但它们并非我们所需的唯一技能,甚至可能并非最重要的技能。

尽管有些人将软科学,如人类学、心理学和社会学等也纳入了 STEM 学科的范畴,但重点还是硬科学,如工程、编程、数学等。即便如此,正如 STEAM 运动所反映出的,创造力在创新中发挥的重要作用日益为人们所

---

① 指美国从幼儿园到 12 年级这一教育阶段。——编者注

认可，该运动提倡将艺术加入传统的 STEM 学科。现在公司希望员工能兼具硬技能和软技能、专业技术能力和业务能力。我们可将其想象成技能"堆栈"，类似于许多公司利用各种各样的技术努力创建的堆栈。我们可以看到，这种混合角色群体在公司中日益庞大。

凸透镜公司（Burning Glass）是一家总部位于波士顿的分析公司，主要致力于鉴别市场对技能的需求。来自该公司的丹·雷斯图恰（Dan Restuccia）阐述了以下现象："公司在寻找兼具专业技术能力和软技能的人。通常人们的期望是，在某一特定领域（如技术、商业）拥有深厚知识的人，同时拥有沟通和讲述等基本技能。例如，数据科学家需要对业务了如指掌，还要能够绘声绘色地诠释其见解。有些技能或角色正渐渐消失，而有些技能是每个人都想具备的（比如运用社交媒体）。"雷斯图恰还注意到，一些既需要技术背景又需要文科背景的新型工作正在兴起，比如用户体验设计师。"这份工作既像是设计师又像是心理学家，"他说道，"公司在招聘用户体验设计师时，大多会倾向于那些有心理学或人类学学位的求职者。"

从技能转向思维方式

公司需要勇于变革、不断成长和随机应变的人，并且他们还要帮助公司做到这些。研究中，我们要求受访者用自己的话描述一下，若想在数字化环境中获得成功，员工应该具备的最重要的技能有哪些。我们将 3 300 份开放文本回答划分为几大类和几大子类（见图 8-1）。近 40% 的受访者表示，"以变革为导向的视角"是员工应该具备的最重要的技能。在这一类回答中，大约有一半人明确提到了"以变革为导向"，他们描述时，经常以"愿意接受"这一短语开头，其后的想法则多种多样。其他相关特征包括：适应性强、灵活、敏捷和善于创新。对于来自大公司的受访者而言，以变革为导向尤为重要。正如我们在前两章中所言，以变革为导向在公司各个层级都至关重要，尤其是在领导层中。

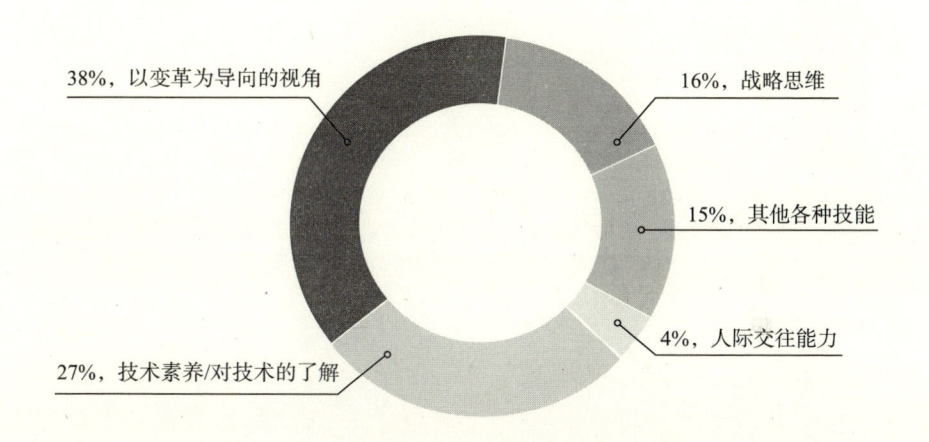

- 38%，以变革为导向的视角
- 16%，战略思维
- 15%，其他各种技能
- 4%，人际交往能力
- 27%，技术素养/对技术的了解

图 8-1　员工应该具备的最重要的技能

以变革为导向之所以至关重要，是因为我们目睹了技能的退化，其速度之快前所未有。一家财富 500 强公司的数字化领导者指出："在我们行业的许多领域，专业技能的半衰期大约是 10 ~ 12 年。因此，也就是说，如果你有一技之长，比如你以前是销售员，之后离开了该行业，10 年或 12 年后再回来时，你掌握的知识还有一半可以在工作中经常用到。然而，在数字化领域中，我认为半衰期将缩短至近 18 个月，因为这一领域实在是瞬息万变。"员工们也意识到，工作技能的半衰期在缩短。我们询问受访者，为了在数字化环境中高效工作，他们需要多久更新一次自己的技能（见图 8-2）。44%的人认为他们需要"持续"更新自己的技能，这一答案在不同成熟度公司的受访者间并无较大差异。47% 的人表示，他们需要每年或更为频繁地更新自己的技能。换言之，约 90% 的受访者认为，他们至少需要每年更新自己的技能。员工们很清楚，让自己的技能与时俱进是当务之急。

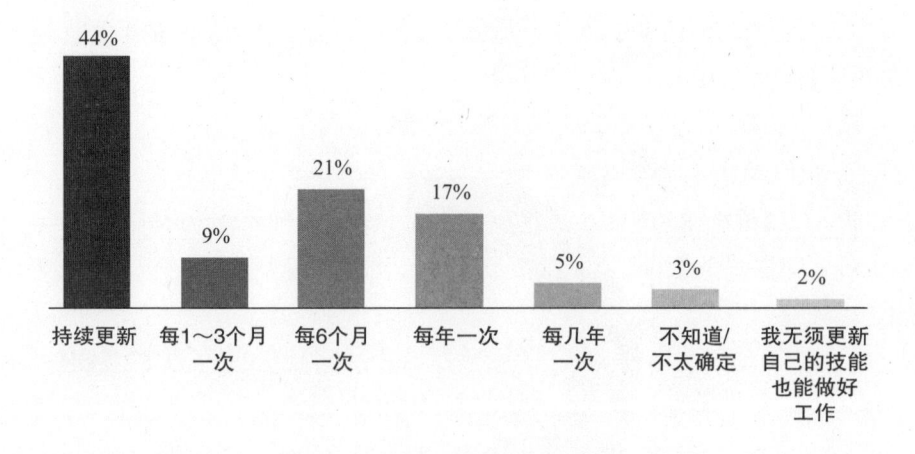

持续更新	每1~3个月一次	每6个月一次	每年一次	每几年一次	不知道/不太确定	我无须更新自己的技能也能做好工作
44%	9%	21%	17%	5%	3%	2%

图 8-2　员工更新技能频率的比例

注：由于四舍五入，百分比总和不等于 100%。

舒马赫临床合作伙伴公司（Schumacher Clinical Partners）的克里斯·科特利尔（Chris Cotteleer）对数字化人才挑战的看法颇为客观："我们拥有足够的人才吗？并没有。我们还在寻觅更多的人才吗？是的。这很难吗？是的，优秀人才的确难觅。我们在找寻什么？拥有宏伟的愿景意义非凡且必不可少，但还不够。你还须统筹布局、雷厉风行，这意味着你必须拥有一些难以言喻的特质，比如，满腔的热忱。至于技术，很多时候我们可以去教，再不济还可以去找别人借，而懂得思考的人才却是需要苦苦寻觅的。"许多公司和领导者都面临人才挑战，即仅具备专业技能或经验远远不够。仅拥有对口的技能也是不够的，当今的人才必须能够接纳和应对变化。为了迎接工作中的这种转变、直面新挑战和抓住新机遇，公司需要建立起一个人人乐天达观、拥有正确思维方式的人才库。

思维大于天赋，持续学习才是成功的必然

我们问旧金山湾区一家领先的风险投资公司的合伙人，要想了解如何在硅谷获得成功，应该读哪本书，他的答案是卡罗尔·德韦克（Carol S. Dweck）的《终身成长》（*Mindset*）。德韦克对比了两种类型的思维模式——成长型和固定型。她的研究表明，思维模式对成功的影响远大于天赋。有着固定思维模式的人认为，智力（天赋、个性以及其他特质和能力）是一成不变的，无论拥有与否，你几乎无力改变。拥有成长型思维的人拥有一种核心理念，即智力（及天赋、个性、能力）是可以培养的，并非一成不变或命中注定。具有成长型思维的人既关注过程，也关注结果。他们认为，过程和努力至关重要，因为它们会影响学习方式和内容，会左右你的进步。就如同数字化领导力是习得性能力一样，数字化公司中员工高效工作的能力也是如此。

对于数字化人才而言，这种思维方式的差异往往是成功的关键因素。我们认为，固定型思维模式既可用来描述整个公司，也可用来描述该公司中的个人。固定型思维模式的迹象在很多公司比比皆是。有着固定型思维模式的人拥有一个特点，他们倾向于基于智商、测试成绩、早期表现和结果给自己（和别人）贴标签，比如聪明、愚蠢、有才华、赢家或输家。同样，那些既缺乏数字化技能，又有着固定型思维模式的人经常给自己贴上类似"我不是数字人"或"我对技术一窍不通"等标签。

培养数字化人才的一个重要方面就是培养其成长型思维。当然，无论你培养了多少具备成长型思维的人才，也并非公司中的每个人都可以学习高级专业技术能力，比如分布式计算（Hadoop）或机器学习。但每个人都可以提升自己的数字化素养，学会更好地适应变化，更具批判性思维，以上也都是受访者认为成功的必备因素。想要在千变万化的环境中高效工作，员工持

续培养技能和提升知识的能力不可或缺，而成长型思维方式对以上能力的培养至关重要。拥有这种思维的人通常会接受挑战，面对挫折坚持不懈，将努力视为通往成功的必由之路，从批评和反馈中学习，并从他人的成功事例中吸取教训，获得启发。

Adobe 公司的唐娜·莫里斯认为，她希望聘用的正是这种类型的人才："退一步思考，我们的行业充满变化，这一点从未改变过。一直以来，我们招聘时格外青睐那些持续学习者。我们认为他们身上表现出了极强的学习敏锐度，他们对知识充满好奇。"哈佛大学前首席数字官佩里·休伊特（Perry Hewitt）说道："招聘时要更看重敏锐度，而非技能。要更看重兴趣和能力，而非过往的成绩。"一个人的技能、经验，甚至过往的成绩并不能确保未来的成功。

"天赋"被定义为天生的或天然的才能或技能。具有讽刺意味的是，数字化人才强调的并非个人天生的技能或才能，以及当下的能力，而是基于其思维方式和学习能力，能够判断明天能做些什么。但这种类型的学习不同于体制内学习，后者常发生在课堂和培训项目中。这种学习更富自主性，没有那么教条化。仅靠体制内学习和正规培训无法跟上变革和技术发展的步伐。我们需要一种不同的学习方式，一种持续性的、体验性的以及探索性的学习方式，要在万事万物中求学问，要保持一种持续成长的状态。

技术视野不会自然涌现

缺乏成长型思维最典型的例子莫过于企业领导者一厢情愿地将数字化成熟度与千禧一代联系起来。流行文化中有这样一种看法，即千禧一代天生或天然地具有数字化需求和/或能力。然而，通过 4 年的研究我们发现，在是否具备数字化观念和数字化意愿方面,年龄因素导致的差距不大。不妨看看图 8-3,当被问到为数字化领导者的公司工作的重要性时,不同年龄组之间的差异基本在 10% 以内。

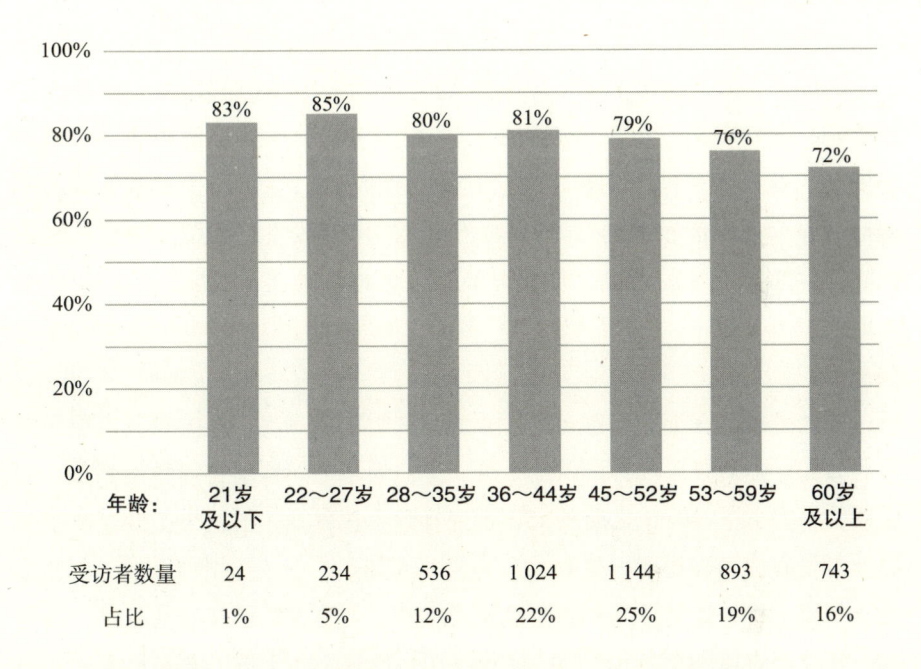

年龄:	21岁及以下	22～27岁	28～35岁	36～44岁	45～52岁	53～59岁	60岁及以上
百分比	83%	85%	80%	81%	79%	76%	72%
受访者数量	24	234	536	1 024	1 144	893	743
占比	1%	5%	12%	22%	25%	19%	16%

图 8-3 为一个数字化的公司或数字化领导者工作的重要性

注:总人数 = 4 598。

当然,在我们的样本中,最年轻的受访者和最年长的受访者之间存在一定差异,但并非如你所想的那般相去甚远。令人惊讶的是,在 60 岁及以上的人群中,甚至有 72% 的人表示,为数字化领导者工作对他们来说极其重要。我们发现,对我们所有问题的回答基本都呈现这一趋势。受访者之间的差异不一定与他们的出生时间或成长环境有关。相反,这种差异可能反映了他们当前所处的社会环境,而且这种差异可能会随着他们的成熟而发生改变。不可否认，对数字化更感兴趣的人会参与到我们有关数字化颠覆的调查中，这可能会使我们的数据存在一定的偏差。然而，根据我们十多年来教授本科生、研究生和高级管理人员的经验，**年龄对数字化素养和能力的影响远没有人们普遍认为的那么大。**

事实上，我们经常发现，相较于给年轻员工传授他们所需的有关公司的知识，给年长员工传授他们发展所需的数字化技能要容易得多。年龄较小的员工往往擅长技术的程序化应用，也就是说，他们善于探索各种应用程序和平台。年龄较大的员工往往更擅长技术的战略性应用，一旦其技术能力达到游刃有余的程度，他们对业务应用程序的上手速度往往比年轻员工更快。

此处的关键在于，千禧一代并非天生的数字化一代，至少在公司层面上并非如此。他们自己玩转技术并不等于他们懂得如何帮助公司做出调整。即使他们在大学毕业时比之前的大学生更具数字化思维，但如果不经过持续学习，不具备成长型思维，这种优势也会迅速退化，因为技术不会停止变化。至于年长一些的员工，也并非全然处于劣势、不能打个漂亮的翻身仗。因为无暇顾及或者缺乏意愿，年长一些的员工可能成不了硬核的数据科学家，但他们可以通过掌握必需的数字化技能，为公司的数字化成熟做出卓有成效的贡献。当然，说到技术，千禧一代可以教会我们很多，但说到公司和商业，他们依然有很多需要学习的地方。**在公司中培养成长型思维有助于解放员工，使其成长为长期型数字化人才，无论他们的年龄有多大。**

培养公司的成长型思维模式

不光是员工，公司本身也可以培养成长型思维。如果你的公司属于固定型思维模式的类型，可能首先需要改变这些标签，转变员工的思维模式，并培养所需技能以帮助他们在数字化公司中获得成功。我们的研究中有一个有趣的趋势，几位高管表示，他们需要"哄骗"员工参与数字化举措。如果他们向员工表明他们在进行数字化转型，就会引发员工的固定型思维——员工并不相信自己或公司能成功，因为他们并非数字人。这样，公司和个人都被固定型思维模式束缚住了。于是，高管们会换种说法，说他们是在改善客户服务或探索新的与客户连接的方式，而不明确提及数字化相关内容。

公司必须创造能留住员工的环境，同时这种环境也要有利于思想的蓬勃发展。鉴于不断变化的科技形势和技能的迅速退化，个人和公司都需要构建一种持续性学习的文化，培养和鼓励成长型思维，这是持续发展和适应变化的关键。具有成长型思维的公司认为，公司和个人的学习至关重要。它们推行试验和开展试行项目，鼓励创造和创新精神。研究表明，创新精神、协作精神和风险承担能力的提升都有赖于公司的成长型思维。

具有成长型思维的公司有着和实现数字化成熟的公司相同的特征。主管会给员工积极的评价，说他们"更有创造力、更有合作精神、更致力于学习和成长"。他们更有可能认为，员工具有管理潜能，至少，在具有成长型思维的公司中，员工更乐观，其文化也更具创新和冒险精神。具有成长型思维的公司更倾向于内部招聘，而具有固定型思维的公司反而会选择外部人员（固定型思维的公司尤其注重员工的出身、背景）。这里有一个关于具有成长型思维的公司招聘的例子，谷歌"最近雇用了许多没有大学文凭、但已证明是有独立学习能力的人"。研究表明，思维方式是可以通过学习获得的，这对公司而言是个好消息。

数字化转型实践　DIGITAL TRANSFORMATION CASE

贝丝·伊斯雷尔女执事医疗中心：4个策略培养锐意创新的团队

作为信息技术行业从业者，要想跟上最前沿和不断变化的技术，可谓挑战重重。尽管资金不足，贝丝·伊斯雷尔女执事医疗中心的首席信息官约翰·哈拉姆卡成功创建和培养了一个锐意创新的团队。哈拉姆卡制订了各种各样的策略，以培养员工的专业技能和综合能力。

1. **培养现有员工**。人才培养包括内部和外部的培训课程、新手训练营、各种会议，以及提供能促进员工成长的新机遇。例如，哈拉姆卡有一个专注于传统网络开发的网络团队。但是，对贝丝·伊斯雷尔女执事医疗中心软件应用程序的访问，80%都是通过移动设备实现的，所以他们不得不实施变革。"经过搜索，我们发现，科尼（Kony）这个应用程序开发平台可以实现安卓和苹果操作系统应用程序的一次性开发，并可在不同操作系统下使用。因此，我们给这个平台授了权。随后，我们授权了大量的服务，还举办了内部训练营、内部编程交流会等活动，在没有雇用一个新人的情况下，我们的网络团队变成了一个移动平台团队。一般来讲，团队中为数不多的人会说，这是一个绝佳的机会，我们撸起袖子干吧。其他一些人会说，哦，我还不太确定，但我想凑个热闹，结果却欣然接受。还有一些人始终转不过弯来，也有一些人毅然离开。"

2. **与当地大学建立合作项目**。"我们会引进聪明伶俐的年轻人，经过实习和培养，使其一毕业就能达到被公司聘用的水平。这也是内部培养模式的一种路径。"

3. **从合作伙伴关系中学习**。"我创建了一个信息技术探索中心，简称为探索信息技术。总的来说，这和谷歌之前的做法很相似，对吧？让最优秀的员工接受精英管理教育，让他们花20%的时间去研究日常工作范围之外的事情。哦，我才发现谷歌的做法真是酷极了。简直太赞了！让我们对谷歌是否会与我们合作拭目以待……我从中学到了很多饶有趣味的经验，说明这一举措奏效了。所以，我们成立了一个中心，开展这一类型的合作。一旦你与谷歌、亚马逊、Facebook或其他第三方建立联系，就会产生显著且持久的协同效应。"

4. **从外部招聘具有目标技能的人**。"我们很少会像怪兽公司（Monster）[①]那样，去搜索已具备一定技能的人。有时也会这样做，但很少。不过如果在某个特定领域从头开始教某人有关数据库的知识是充满挑战的，那就要从其他公司遴选人才，提拔他们，或做诸如此类的事情。"

不要埋头培训，要创造学习机会

公司的成长型思维模式带给我们一个启示，即除了培训外，公司还应想方设法培养员工未来所需的技能。我们发现，以发展为目的的学习和教学不

---

① 全球最大的招聘服务供应商。——编者注

受年龄限制。此外，研究表明，内在动力至关重要，人们需要工作自主权、需要在工作中成长，也希望自己的工作有意义。换言之，人们想要学习和成长。我们的研究表明，为了满足这一需求，数字化成熟中阶段的公司会提供资源或机会，帮助专业人员培养技能以获得发展机会。通过大力投资人才和精心培育文化，数字化成熟中阶段的公司能够培养出它们所需的技能和能力，同时努力创造条件，满足员工的需求和激发员工的内在动力。

如果既需要技术技能又需要软技能，那么像以编码或数据分析等为主题的正式培训课程尽管可能多少有点作用，但极有可能解决不了什么问题。数字化成熟中阶段的公司此时则会提供极富多样性的环境，在这样的环境中，员工可以培养他们心中看重的特征和技能，比如开放性、适应性、灵活性、敏捷性和创新性。宾夕法尼亚大学沃顿商学院的普拉桑纳·坦贝（Prasanna Tambe）教授指出，学习"高于培训。技术发展突飞猛进，在各异的技术领域中创造、再现和管理培训是困难重重的。很多培训都是在工作中实现的，学习环境举足轻重。公司正致力于营造可供员工自学的环境，并在创建员工愿意花费时间待在那里的实体环境"。

坦贝指出，一些公司允许员工将工作时间花在开放源代码软件社区上，且这一趋势愈演愈烈。致力于开放源代码的编写对员工而言有许多好处。在开放源代码软件社区中，他们可以不断收获技能和口碑，而这些技能、口碑又会被带回公司，促进公司持续不断地进步。它还有助于不断培养技能，这意味着，员工不大可能会离职去深造或提升能力。很多公司发现，员工拿着公司的工资为开放源代码社区工作的做法对公司实现数字化成熟大有裨益。

来自德勤领先创新中心的约翰·哈格尔认为，技术也可以推动技能的发展："我们的观点是，最卓有成效的学习是通过工作实践来创造新知识，而非获取他人已知的知识，在培训教室中去面对未曾遇到过的挑战和商业形势。这种学习方法截然不同。"有的公司创建了这种环境，其中一个绝佳的例子便是Salesforce。该公司创建了一个平台，名为"起点"（Trailhead）。在该平台上，员工可以相互学习、相互辅导。员工可以参与其中，创建展示特定技能发展过程的学习模块或系列模块。该平台可以记录他们利用了哪些学习机会，这最终将被纳入员工的绩效评估。通过该平台，还能得知哪些员工创建的模块使用频率最高，这对创建者而言也是值得骄傲的事情。

或许，数字化成熟中阶段公司的领导者应该考虑在招聘的标准提问中增添两个问题。**首先，你最近学到了什么，使你能成为数字化成熟中公司里更有资格、更具能力的员工？其次，你如何帮助他人学习，使其在数字化成熟中阶段的公司成为更有资格、更具能力的员工？**在当今的商业环境中，如果我们招聘的员工无法就上述两个问题给出令人信服的答案，后果将极其严重。

章末总结

已知事实	应对策略
• 想要在数字化环境中获得成功，最重要的技能是战略思维、以变革为导向的视角，以及成长型思维。 • 对于公司提供的数字化相关技能培训机会，大多数受访者并不满意。 • 持续学习的趋势不仅由千禧一代驱动。所有年龄段的员工都表达了为数字化成熟中阶段公司工作的愿望，因为这些公司允许他们不断培养自己的数字化技能。	• 人才管理过程需要包括学习计划，但要确保学习不局限于正规培训项目（如轮岗）。 • 甄别出有助于员工帮助他人学习的机会，奖励那些能有效促进学习的员工。 • 将学习和帮助他人学习的能力作为招聘和评估标准的明确指标。

09

让你的组织成为人才
吸铁石

———— THE TECHNOLOGY FALLACY

1971年，艾丽斯·沃特斯（Alice Waters）和几个朋友在家附近开了一家名叫潘尼斯之家（Chez Panisse）的小酒馆。酒馆名取自欧诺瑞·潘尼斯（Honoré Panisse），他是20世纪30年代由马塞尔·帕尼奥尔（Marcel Pagnol）担任编剧的电影三部曲中最慷慨大方和热爱生活的一个角色，该系列电影讲的是法国马赛的海滨生活……酒馆也是在向这些经典电影中的情感、幽默和随性致敬。

潘尼斯之家自成立以来一直专注于食材，技术于他们而言并没有那么重要。他们与当地的农户、牧场和奶牛场建立了直接的供应关系网。这家餐厅能屹立不倒，确实不同凡响。它斩获了诸多奖项，比如获得了米其林星级认证，还被《美食家》（Gourmet）杂志评为美国最佳餐厅，着实令人心悦诚服。它一直走在烹饪创新的前沿，成就卓越，但最引人注目的，莫过于其吸引美国顶级烹饪人才的能力。

翻开潘尼斯之家的毕业生名单，就像翻阅一本名厨和餐厅老板的名人录，其中有鼎鼎有名的花猪餐厅（Spotted Pig）的阿普丽尔·布卢姆菲尔德（April Bloomfield），还有加利福尼亚美食"缔造者"星餐厅（Stars）的杰里迈亚·托尔（Jeremiah Tower）。

美国达特茅斯学院的教授悉尼·芬克尔斯坦（Sydney Finkelstein）在其著作《超级老板：卓越的领导者如何掌控人才流动》（*Superbosses: How Exceptional Leaders Master the Flow of Talent*）中讲述了艾丽斯·沃特斯、反偶像崇拜者拉尔夫·劳伦（Ralph Lauren）、甲骨文公司创始人拉里·埃利森（Larry Ellison）、制作人乔治·卢卡斯（George Lucas）、《周六夜现场》（*Saturday Night Life*）制片人洛恩·迈克尔斯（Lorne Michaels）、传奇足球教练比尔·沃尔什（Bill Walsh），以及对冲基金经理朱利安·罗伯逊（Julian Robertson）的故事。这些人的共同点在于，他们"富有传奇色彩，培养了一大批徒弟，而这些人改变了整个行业"。如同芬克尔斯坦笔下的以沃特斯和其他标杆人物为首的公司一样，渴望走向数字化成熟的公司有必要成为人才吸铁石。这些标杆人物做了什么呢？他们精益求精、诲人不倦，并相信教学相长，他们乐于冒险，并有能力将复杂的过程分解，便于人们学习和掌握。

在前一章中，我们指出，数字化成熟中阶段的公司在培养员工数字化技能方面比不够成熟的公司做得更好。可惜的是，提升现有技能虽势在必行，但还不足以使公司保持未来的竞争力。公司不仅需要培养现有人才，还要吸引和留住新的人才。公司必须直面这些挑战，而不是出于善意做一些表面工作，那会让你深受其害，也无法帮你获得稀缺且流动性极强的员工。

大多数寻求实现数字化成熟的公司面临一个普遍问题，即缺乏数字化人才，因此，我们预计企业会将人才的获取视为重大风险问题。然而，当我们询问受访者，应对数字化颠覆，他们面临的最大风险是什么时，几乎无人提及获取人才这一点。找到合适的人才是巨大的挑战，留住人才同样具有挑战性，尤其是当公司没有向员工发出明确的信号，让其了解数字化业务在公司整体战略中所扮演的重要角色时。因此，在本章中，我们将就组织如何成为人才吸铁石分享一些观点。

充分利用现有人才是第一要务

我们的研究表明，在培养已有人才方面，数字化成熟中阶段的公司比不够成熟的公司做得更好。针对研究中 3 个不同的问题，图 9-1 揭示了不同答案间的密切联系：（1）贵公司是否为员工提供了在数字化业务中茁壮成长所需的资源和/或机会？（2）贵公司是否有效利用了员工的数字化知识、兴趣、技能和经验？（3）贵公司是否缺乏足够的人才来支持公司的数字化战略？

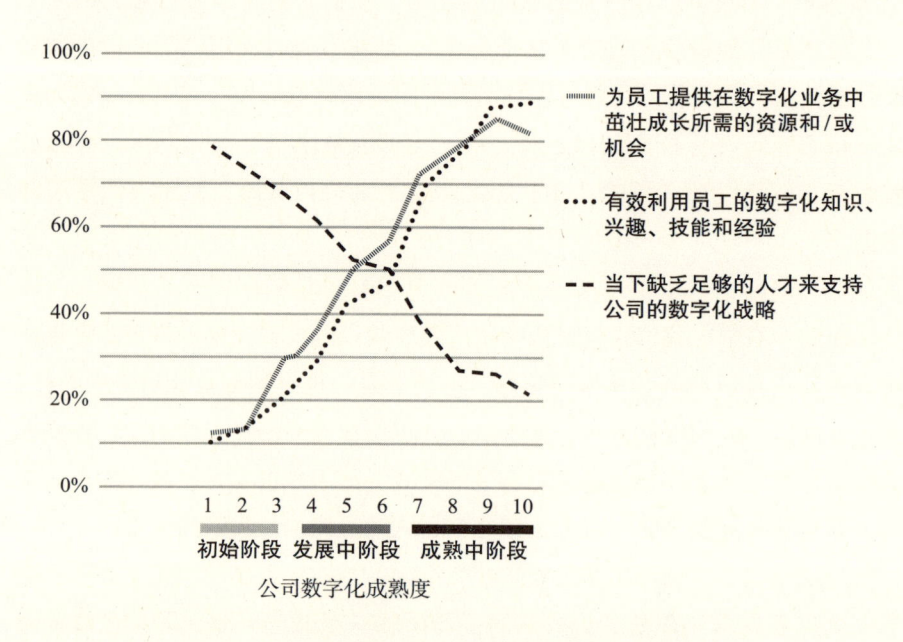

图 9-1 公司在数字化人才和数字化成熟方面的投入

注：72% 数字化初始阶段的公司认为缺乏足够的人才，但这些公司中只有不到 20% 在培养或者利用已有的人才。

这些问题间的联系可能在你的意料之中，但其中的差异也十分显著。数字化成熟中阶段的公司里，80%～90% 的受访者表示，公司提供了员工茁壮成长所需的资源，并能有效地利用员工的技能；但在数字化初始阶段的公司中，只有20%～30%的受访者持相同看法。同样，根据调查，数字化初始阶段的公司有70%～80%缺乏足够的人才来支持其数字化战略，而数字化成熟中阶段的公司只有20%～30%存在这种情况。与领导力的问题如出一辙，初始阶段公司和成熟中阶段公司之间的区别不在于它们是否拥有足够的人才，而在于如何培养人才。由于各级人才都需要承担越来越多的领导责任，培养人才成为公司的重中之重。

数字化成熟中阶段的公司会投入大量时间去培养员工发展所需的技能，反过来，这些员工能有效地帮助公司执行数字化战略。不够成熟的公司不会花时间培养或利用员工的技能，而且，令人吃惊的是，这些公司似乎没有足够的人才去执行数字化战略。这些数据让人想起一个老故事，两名高管在讨论员工培训事宜。第一个问道："如果我们培训了员工，但他们却离职了怎么办？"第二个答道："那如果我们不开展培训，他们却留下来了呢？"数字化成熟中阶段的公司会在员工技能培养方面进行投资，并因此收获颇丰。

一旦拥有人才就要紧紧抓住

虽说吸引、留住和培养人才是截然不同的挑战，但它们却相互关联。尽管数字化成熟中阶段的公司会为员工提供培训，但来自这些公司的受访者仍然表示，公司的人才也仅够其执行商业战略；培训和吸引更多人才这两件事并不矛盾。公司需要吸引更多的人才以在数字化世界中脱颖而出，这在我们的意料之中。真正让我们深感意外的是，我们发现，这种需求似乎不仅仅与数字化成熟度相关。在数字化成熟度最低的公司中，超过70%的受访者表示他们需要新人才，而在数字化成熟中阶段的公司中，超过50%的人表示他们有类似的需求。不管对现有员工的培训多么到位，所有公司依然想要并需要更多更优秀的数字化人才。

人才流失加大了招聘难度。正如我们在第 8 章中所述,员工显然更喜欢为拥有数字化领导者的公司工作。许多员工想要离职的原因在于,其公司对数字化趋势缺乏反应,他们对此大失所望。数字化成熟中阶段的公司中,81% 的受访员工对公司应对数字化趋势的反应感到满意,而在初始阶段的公司中,只有区区 10% 的员工表示满意(见图 9-2)。即使是在数字化发展中阶段的公司中,也只有 38% 的人表示满意。因此,员工不仅想为数字化领导者工作,如果公司不积极追求数字化成熟,他们还可能会考虑离职。

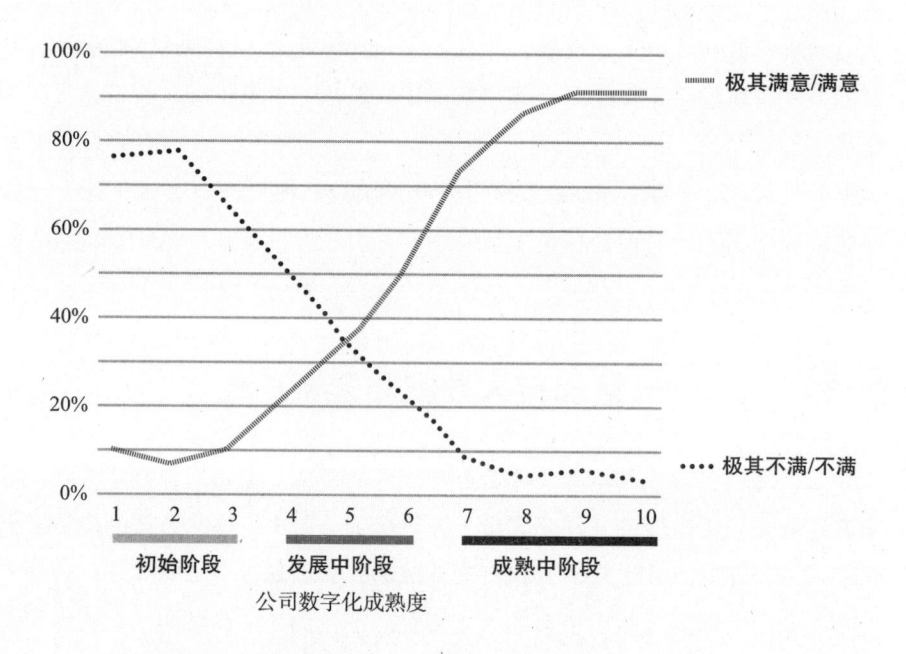

图 9-2 员工对公司当下对数字化趋势的反应的满意度

在我们的研究中,扭转人才流失局面的首要方法是为员工提供成长和发展的机会。有些公司为员工提供机会,培养其在数字化环境中工作的技能,来自这些公司的受访者的离职愿望呈直线下降趋势。

虽然各个级别的员工表现出了明显的相似性，但我们惊讶地发现，中层管理人员的调查结果尤为相似。在数字化环境下，如果雇主提供培养工作所需技能的机会，那么副总裁和主管级别的员工于一年内离职的可能性会降低 15 倍（见图 9-3）。如果公司未能提供培养这些技能的机会，首席信息官、信息技术和销售职位的人员更有可能于一年内离职。此外，为员工提供成长和发展的机会有助于减缓员工的技能退化，同时还有助于培养员工的成长型思维。

	首席信息官	副总/主管	普通员工	
公司为员工或高管提供在数字化环境中发展的机会	3%	2%	7%	
公司并未提供在数字化环境中发展的机会	29%	31%	43%	

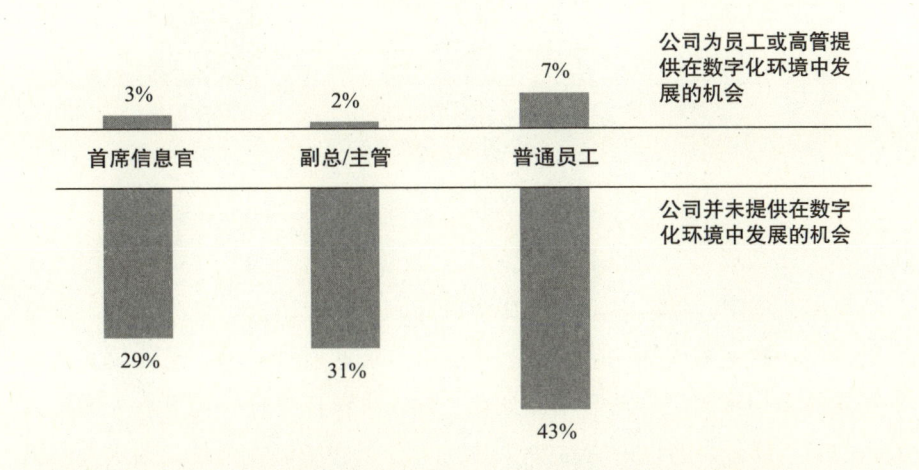

图 9-3　面对数字化趋势，计划于一年内离职的受访者比例

然而，对于员工想要不断更新技能以提升工作效率的做法，大多数公司是不支持的，各个年龄群组对此都给出了极其相似的答案。只有 1/3 的受访者表示，公司帮助他们应对在数字化环境中工作必须要进行的变革，他们对此感到满意（见图 9-4）。正如我们所料，调查结果因公司数字化成熟度的不同而各异。尽管 59% 来自数字化成熟中阶段公司的受访者表示，他们对

公司帮助其做好应对准备感到满意，但在初始阶段公司中，只有13%的受访者表示满意，绝大多数受访者表示不满。

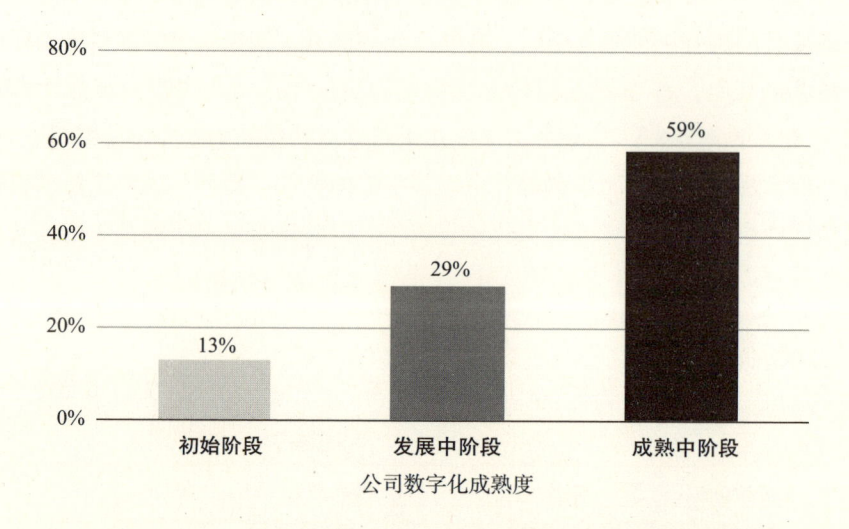

```
80%

60%                                          59%

40%
                       29%
20%
         13%

 0%
       初始阶段        发展中阶段        成熟中阶段
                   公司数字化成熟度
```

图9-4　员工对公司为应对数字化环境而进行的变革的满意度

在第8章中，我们讨论了内在动机和人们对于成长、自主性及工作意义的需求。数字化成熟中阶段的公司极有可能通过投资员工培养及实现扁平化层级结构来满足这些需求，如此一来，决策权将进一步下放（这是我们将在第三部分详细讨论的内容）。对人才进行投资以及为员工提供发展机会满足了员工持续成长和学习的需要。分散式领导模式下，将有更多人享有决策权和主权，无须"沿级别链条环环向上"。什么是有意义的工作，目标是什么，每个人都有自己的定义，但拥有一个清晰明确、始终如一，且与公司整体战略（这是数字化成熟中阶段公司的另一特征）息息相关的数字化战略会大有裨益。

换言之，人们希望能持续学习，亲身体验令人兴奋的新生事物，并且在其中发挥自己的作用。这是否意味着所有员工都会跑去为数字化成熟中的公司工作呢？答案是否定的，不过有理想技能傍身的员工一旦等到了机遇，他们只会尽早抽身去为成熟中阶段的公司工作，而非持续等待。

数字化转型实践　DIGITAL TRANSFORMATION CASE

信诺医疗保险：面向企业的未来培养人才

如果你打算培养员工的数字化才能，首先应该弄清你需要什么才能。在人才培养模式方面，最具战略眼光的公司之一莫过于医疗保险公司信诺（Cigna）。公司通过学费减免计划支付员工的继续教育费用，而且大力鼓励员工充分利用该计划。信诺的领导层分析了该项目的效果，发现它为公司带来了129%的投资回报，主要体现在保留员工和员工晋升两个方面。

信诺的独树一帜在于它实施该计划的方式极具战略眼光。首先由公司领导层确定未来几年哪些能力对公司至关重要，随后确定十几个需要着力培养的才能领域，这些战略能力被认为与公司的未来密不可分。如果选择以上任一战略领域攻读学位或获取证书，员工获得的学费报销率约为其他学位项目的3倍。可见，信诺为员工提供资源，让他们自己去接受培训，从而实现培养战略领域人才的目的。通过该计划，信诺巧妙地融教育补助、公司人才需求及员工需求于一体，并提升了员工的受聘价值。

被动招聘加剧人才挑战

对数字化成熟度较低的公司来说,人才问题更加不容乐观。如果员工得不到继续发展的机会,不仅离职的可能性更大,而且他们将更有可能投入数字化成熟中阶段公司的怀抱。越来越多数字化成熟度较低的公司开始面临一种情况,即所谓的"被动招聘"。在这种情况下,公司会搜索领英或其他专业平台,甄选出拥有他们所需技能的人才,并与之洽谈,即便这些人并无跳槽之意。接受过我们采访的一位高管指出:"我们聘请的数字化领导者其实对我们公司并非'一往情深'。我们的目标对象一般具备一定职级,有工作经验,尤其是有作为管理者的工作经验,他们极有可能曾就职于规模更大的公司,或是跨国公司。他们见惯了错综复杂的情况,可以卷起袖子大干一场,并且总能干出点什么来。"

数字化平台催生了这种被动招聘的趋向。事实上,来自不同数字化成熟度公司的受访者中,有75%的人表示,数字化平台提升了其对外形象。超过50%的受访者表示,一些公司曾通过这些平台主动联系他们,对方提供的工作机会非常诱人。你也可以认为,以这种方式被"挖"走的员工都是公司的中坚力量,那些贡献微薄或者效率低下的员工不会有这种待遇。

图9-5形象地展示了数字化成熟中阶段公司所具备的招聘优势。我们就以下两种说法询问了受访者:(1)**我们公司的数字化业务吸引了新的人才**;(2)**我们公司需要新的人才来参与数字化经济竞争**。请注意,图9-5中,两条线的交点对应的区域已经超出"发展中"类别。这一结果表明,即使是处于发展中阶段的公司,也面临优秀人才流向数字化成熟中阶段公司的风险。俗话说,"有备无患",数字化成熟中阶段的公司清楚自己拥有招聘优势,所以它们会对你最具价值的员工紧追不舍。

09 让你的组织成为人才吸铁石

　　数字化成熟中阶段的公司不会仅仅满足于拥有现有的人才，事实上，这些公司中超过 50% 的受访者认为，他们仍然需要新的人才，而且他们会想方设法从你的公司挖走最好的员工。他们需要更多更优秀的数字化人才，也知道员工想为他们这样的公司效劳。我们询问受访者，其公司是如何培养数字化人才的，在成熟中阶段和发展中阶段的公司中，占比最高的答案均为将现有员工培养成数字化人才。成熟中阶段的公司培养数字化人才的第二大方式是招聘新员工，而在发展中阶段的公司中，这一方式仅位列第四（见表9-1）。数字化成熟中阶段的公司意识到自己在人才招聘方面具有优势，并准备利用这一优势来吸引更多人才。

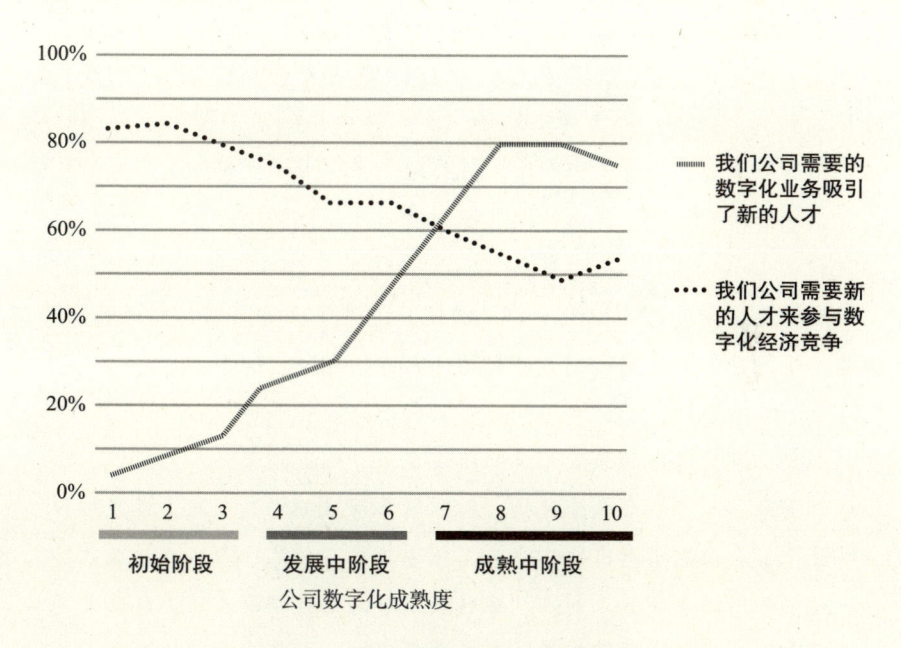

图 9-5　人才需求和吸引人才的能力

注：人才"缺口"极大，对初始阶段公司和发展中阶段公司均有影响。

表 9-1　公司如何增强数字化创新能力

初始阶段	发展中阶段	成熟中阶段
雇用承包商/咨询顾问	培养员工	培养员工
不知道	外部关系	招聘数字化员工
外部关系	雇用承包商/咨询顾问	外部关系
培养员工	招聘数字化员工	招聘数字化员工

位置决定你能否找到合适的数字化人才

房地产行业中最重要的三个词是"位置、位置、位置"。位置对于培养数字化人才同样重要。数字化人才可以借助各种平台完成工作，因此其流动性相对较强。然而，在人才市场中，有一技之长的员工在不同公司间流动时，位置似乎成了一个重要因素。硅谷可能是最庞大、最闻名遐迩的数字化人才市场。正因如此，许多公司选择在硅谷建立创新中心。

沃顿商学院的普拉桑纳·坦贝建议，位置选择需谨慎，如果选择硅谷，你要面临的是如何平衡吸引人才和留住人才的问题。他说：

> 如果你所在的领域业务娴熟者众多，你也会面临如何留住人才的问题。人才总会频繁跳槽，所以很难留住他们。因此，在某种程度上，企业需要做出战略决策，区分工种，如此一来，方能在硅谷这样的地方平衡各方利益。在硅谷这样的地方招聘员工，往往并不具备人才保留方面的优势，而在劳务市场，形势没有那么紧张，留住人才的代价也不像美国其他地方那般巨大。

此外，你所寻找的技能类型也会影响到你的决策。如果你寻找的是具有尖端能力的人才，那么移步硅谷是最佳选择。如果你想要培养的是更通用的技能，那么其他地方更有优势。坦贝指出，大学城里此类人才比比皆是，且性价比极高。

放眼行业之外，以新视角寻求"锚定员工"

放眼行业外去寻找人才。一个很好的方法是从其他行业聘请领导者，他们会为公司注入数字化思维。这些领导者通常被称为"锚定员工"，因为他们能吸引想要追随他们且具有数字化思维的员工。一般而言，**"锚定员工"兼具领导能力和专业技术能力**。一位来自某大型消费品公司的高管指出：

> 以前，如果你想成为类似我们这种公司的高层，必须具备同行业从业经验，因为公司的运作方式大同小异。现在，你拥有一大批精通数字化技术的人才，他们均在与我们公司规模相当的公司工作过。他们都见识过损益表，拥有同样的争权夺利的经验。他们懂得如何在大公司中做到八面玲珑，不管是亚马逊、谷歌、Facebook、思科、英特尔，还是诸如此类的任何一家公司。然后，他们会转向我们这样的公司。公司当前人才的竞争力低下，因为尽管他们对公司的了解不相上下，但缺乏娴熟的数字化能力。

如果采用这种方法，尤其要凸显你所在行业的独一无二和巨大价值。美国癌症治疗中心的克里斯廷·达比说道：

> 依我看，医疗保健可能是你能从事的最有回报的行业之一，因为该行业每一天都在影响着人们的生活。如果真有人能与该行业产生共鸣，而这个人刚好拥有成为远见卓识之士的动态技能，也能够

理解移动技术和数字化可以改变人们的体验，而且能与患者产生共鸣，那我认为这就是我们真正在寻找的人，虽然很难找到。我也会从比医疗保健更先进的其他行业中挖掘人才，比如数字化领域的金融服务业。再比如，我们最近聘请的一位消费者技术主管曾效力于一家全球性金融服务公司并主管移动业务。引进此类人才确实可以让我们以全新的方式利用知识和汲取其他行业的经验。

突破方圆，利用合作伙伴关系网的人才

无论是处于哪个数字化成熟度级别的公司，有一项策略是最一致的，即利用外部关系来提升数字化能力。该方法预示着市场向人才生态系统的转向。技术颠覆异常迅猛且无处不在，企业意识到，单打独斗是行不通的。他们建立起合作伙伴关系网，共同学习如何在数字化趋势中做出相应改变。例如，卡地纳健康集团创立了一个数字化创新中心，并定期邀请客户和商业伙伴展开协作，从而推动创新。卡地纳健康集团融合中心主管布伦特·施图茨发现，只有了解这些利益相关者的需求和情况，公司才能真正实现期待中的创新（第 13 章）。

这些外部伙伴关系也可能包括非传统关系，例如，与编码网站 Topcoder 这样的在线社区开展合作。越来越多的公司转向此类平台以获得他们需要的数字化人才。Topcoder 的首席执行官迈克·莫里斯（Mike Morris）解释道：

> 所有公司达成一致结论，认为劳动力的确在发生变化，因此，对该话题的讨论多年来从未停歇。人们还会讨论有关下一代劳动力的话题，并对未来展开预测。但是，当你注意到你的公司缺乏高质量人才，并因此限制了公司的发展时，你会发现，1/3 的美国人都

是自由职业者，这便是他们选择的职业道路，而且这一现象正变得越来越普遍。这些自由职业者会越来越难以与高质量人才一较高下，因为他们不想一周工作40个小时，等待有人告诉他们要做什么，等着被分配任务，他们更愿意享受自由。

这些平台也创造了各种机会，力求留住公司所需的非数字化人才。例如，第4章提到了网上订餐公司欧洛，其配送平台通过利用优步的网络提供按需送餐服务。该平台还利用分析技术，帮助餐厅明确制作顾客所点食物的时间，一是看是否有司机接单，二是看配送路程，根据当前交通状况保证食品质量。

"轮岗"，鼓励组织内的人才渗透

过去一代又一代的管理学者都在提倡"现场巡视管理"，这一常识性管理风格由来已久。"现场巡视管理是一种走近员工，与其面对面交谈的做法，目的是了解他们对事情的看法，并倾听他们的意见。"我们也可以在数字化技能开发领域推广这一理念。人们常用蜜蜂授粉来比喻知识在不同公司间的迁移。蜜蜂通过在花朵间穿梭来传播花粉，员工也可以借不同工作任务来传播知识。每到一处，员工都能学到新的技能和知识，然后再将所学传给他人。越来越多的公司开始采用"轮岗"模式，即员工在固定时间内完成一项特定任务，随后转向另一项截然不同的任务。

该模式与大多数公司的人才管理方式有两大区别。它认为员工不应无限期地停留在同一工作岗位，也不一定在同一职能部门内垂直流动。轮岗模式要求员工不断培养多样化的技能，而且能使员工从公司内部的岗位中获得这种多样性，而不是去其他公司获得技能提升。此外，由于在这一过程中员工不得不面临不同的新环境，因此也有助于提升其适应能力。

在岗位流动过程中，员工可能在不明所以的情况下就接受了新工作，通过新项目、新团队和新挑战，他们拥有了全新的体验。大都会人寿的首席数字官格雷格·巴克斯特（Greg Baxter）对此做出回应，他指出："接纳新思维必须身体力行，而非想当然。我们拼尽全力创造各种项目和机会，改变员工的工作内容和方式，使其在做不同的工作和以不同的方式工作时有如鱼得水和驾轻就熟的感觉，从而信心倍增。"他说道，大都会人寿"对公司员工做出郑重承诺，在数字化颠覆的当下，会确保他们拥有茁壮发展所需的技能与机遇"。该公司已经启动了一项1 000万美元的全球劳动力投资计划，该计划被称为未来劳动力发展基金（Workforce of the Future Development Fund）。该项目面向所有员工，其中包括一个有关数字化技能的特殊学习计划。大都会人寿希望员工能培养如下技能：与日益多样化的员工队伍合作的能力、轻松应对下一代技术的能力，以及对涉及平台和生态系统的新商业模式的清晰认知。

这一章我们从艾丽斯·沃特斯和潘尼斯之家的故事谈起。正如芬克尔斯坦在《超级老板》一书中所言，沃特斯能成功吸引美国最优秀的烹饪人才并非偶然，而是由个人与机构的实践和习惯决定的。数字化颠覆世界的到来对如何吸引人才提出了特殊挑战，要求我们的很多做法要突破数字化本身，比如为员工提供良好机遇，使其获得技能、积累经验，并能借助这些新获得的技能和经验进入新的岗位，从而走向成功。

章末总结

已知事实	应对策略
• 为了获得数字化世界中的竞争型人才，培养员工很有必要，但远远不够。获得人才和留住人才同样重要。 • 培养人才和留住人才密切相关。根据员工所言，如果公司提供发展机会，他们在一年内离职的可能性会降低15倍。 • 员工认为，离职的主要原因在于：担心公司的生存发展能力，并且担心自己缺乏继续提升数字化相关技能的机遇。 • 就连数字化成熟中阶段的公司也表示需要更多人才。他们知道自己拥有招聘优势，并定期通过领英等平台挖掘理想员工。 • 大量吸引数字化人才时要评估一下未来需要哪些技能，要有明确的定位才能吸引人才，还要利用行业外或公司外的人才。	• 根据公司在数字化环境中竞争所需的人才，制定长期战略，并采取积极措施留住人才。 • 确保最具价值的员工有时间和条件去利用各种机遇提升数字化技能。确保公司上下都清楚这些机会的存在，并要在全公司范围内支持这些机会的存在。 • 清楚无误地向员工传达你的战略人才计划。确保他们清楚需要哪些技能，如此一来，他们可以帮助甄别人才，或是培养这些技能。 • 通过被动招聘吸引具有一技之长的员工进入公司数字化成熟度更高的部门。被动招聘可在公司内进行，将精通数字化技术的员工留在公司中，帮助他们茁壮成长。 • 要认识到，人才生态系统正在迅速形成，它由承包商、临时工及众包工作等组成，你需要相应调整岗位描述及招聘细则。

10

终身学习，针对未来的工作进行自我定位

THE TECHNOLOGY FALLACY

我们周围总有一些不用电子邮件、不带智能手机,以及远离社交媒体的人。有人可能会用"卢德分子"(Luddite)这个词来形容那些"惧怕技术(或新技术)的人,因为他们对现状似乎颇为满足"。理查德·康尼夫(Richard Conniff)为《史密森尼》(Smithsonian)写道:"'卢德分子'一词既宣告着无能,也象征着荣誉。"该词源于200多年前发生在英国的一次工业抗议活动。抗议活动始于1811年3月11日的诺丁汉,那是一个纺织制造中心,当时正值经济动荡、食品短缺和高失业率的时期。心怀不满的纺织工人连续几晚捣毁了机器,由此引发了英格兰北部的一系列连锁抗议事件。工人们天真地以为破坏了机器就能保住工作。政府对此做出迅速反击,先是派遣士兵保护工厂,随后通过法律,将破坏机器定为死罪。

如今,我们生活在一个完全不同的世界,这种不同不只体现在经济前景上,还体现在新技术对我们的工作及工作单位越来越大的影响上,我们面临着越来越多的不确定性。有些时候,我们感到不确定的同时,还担心自己的工作会被成本更低、效率更高的技术所取代。过去20年间,企业不懈努力以适应技术带来的变化,但技术颠覆并未有任何放缓脚步的迹象。如果说有,那就是未来10年或20年即将发生的变化会更具规模、更具破坏性。在本章中,我们将讨论这种持续性颠覆对个人和公司产生的影响。

然而，在讨论技术如何颠覆未来的工作前，有必要先提醒大家一番。首先，这些颠覆是否会发生，其次，颠覆何时会发生，这是两个完全不同的问题。就特定的数字化颠覆何时到来，专家们通常各执一词。怀疑论者认为，当下的技术状态与未来人们期望中的技术状态存在差距。此处，我们将更多地聚焦于"是否"会发生的问题，而非它"何时"会发生在某些特定领域。我们也清楚地认识到，战略决策的一个重要方面在于明白何时将发生变化，以及如何迅速做出反应。然而，对即将发生的变化有所了解并非毫无价值。如果管理者对可能发生的数字化颠覆有所理解，他们就能更好地关注到某些迹象或触发事件，这些迹象或事件会告诉我们某些特定的变化将于何时发生。此外，对我们即将面对的数字化颠覆的类型有所了解有助于人们为不断变化的未来做好准备，不论它何时到来。

技术颠覆人工的两个步骤是，**首先增强和改善人工，然后完全取而代之**。这一观点给我们的启示是，许多工作在被技术完全取代前反而得以增强和改善。可不要因为技术在短时期内使人工更具价值就以为颠覆不会发生。在技术增强人工这一步骤的作用下，专业人员在中期会更具价值，因为它有助于专家腾出手来，从日常工作转向更具价值的任务。问题在于，在技术完全取代这些岗位前，员工能否创造出更具价值的新岗位。随之，问题变成了员工能否胜任其他更具价值的岗位和工作。当然，某些工作的某些方面永远不会被完全取代。例如，尽管放射科医生的部分工作实现了自动化，但我们认为，对于癌症的诊断，大多数患者更想听到医生亲口说出，而不是经由电脑告知。但是，某项工作的某些方面还未被完全取代并不意味着它们不能被取代或不会被取代。

"增强"很可能会很快转向"取代"。当人们尝到了有人工指导的自动化的甜头时，增强阶段可能会更加持久。然而，一旦人们适应了有人工指导的自动化，他们可能很快就会做出决定，认为在人工监督方面花费成本或额外付出精力是不值当的。网络繁荣时期的报纸行业也曾面临类似的情况，当时，报业营收增长缓慢，直到 2000 年后才经历了断崖式下跌。最初，互联网使得老牌新闻公司的覆盖面更加广泛，其生产成本得以降低，广告收入也因此大大增加。对出版业来说，这本是福音，直至像克雷格列表（Craigslist）这样的竞争者开始进入市场，他们凭借低营运费拿走了相当大的一部分收入。如今，克雷格列表依然只有大约 50 名员工，却能通过分类广告创收约 7 亿美元，而这原本可是报纸业的主要收入来源。

每一种即将到来的技术，都会引发一场工作的大颠覆

在第 4 章中，我们讨论了自动驾驶汽车对几个行业的潜在影响，包括汽车、房地产和保险行业。而自动驾驶汽车对工作的影响则会更大。不过，与人工智能对工作可能造成的颠覆相比，即使是像自动驾驶汽车这样颠覆巨大的技术也相形见绌。据估计，美国将有 8 000 万个工作岗位受到人工智能的影响，其中包括电话推销员、律师助理、收银员、快餐店厨师和金融服务业的各个岗位。人工智能尤其适合取代常规性工作或基于以往数据展开预测的技术性工作。例如，放射科医生可以花费数年时间研究如何区分正常和异常的 X 射线、CT 扫描结果和其他类别的医学影像，其年收入通常会在 40 万～50 万美元。而人工智能却能在几天内识别数百万张图像，其精确度远远高于人类。普通管理者甚至也面临着被取代的风险。企业协作平台聊天群组 Slack 正在研发人工智能，目的是监控员工的沟通交流，并将许多管理任务自动化，从而减少面对面会议的需求。

还有一些正在崭露头角的技术也将进一步颠覆我们的工作。区块链最广为人知的运用是比特币，但其潜在影响远远不止于加密数字货币。区块链是一种能确保公共记录安全的技术，它的出现将使调解各方信任问题的工作岗

位从此失去存在的价值。例如，它可以用来创建能够自动执行的合同，从而无须借助中介付款服务。我们可以自行想象，它在增材制造、虚拟现实和增强现实领域都将大有作为。

每一种即将到来的技术趋势，如自动驾驶汽车、人工智能、区块链、增材制造、增强现实和虚拟现实，都将对未来10年的工作产生重大影响。而综合来看，这些多元的技术趋势则预示着未来的工作将面临巨大颠覆。事实上，展望未来的数字化颠覆之路，就了解技术对工作的颠覆性影响而言，我们才踏上了万里长征的第一步。据我们的经验，尽管许多人知道颠覆将至，但员工和领导者通常都不会考虑这些技术将会如何影响他们的职业生涯。

工作之未来 VS. 未来之工作

这些技术对工作的影响纷繁复杂，且完全无法预测。例如，麻省理工学院的经济学家戴维·奥托尔（David Autor）指出，如今，银行出纳的数量几乎是自动取款机问世时的两倍，但他们的工作性质已经大不相同，不再需要像以前那样不停数钱和记账，而是更多地建立客户关系及提供理财建议；同样，我们可以看到，放射科医生不再需要花大量时间区分正常图像与异常图像，而是将更多时间花在分析异常图像上；管理者花在任务监督和项目管理上的时间更少，并将更多时间投入在训练、指导和培养团队上。奥托尔指出，许多专家声称"这一次的颠覆前所未有"，但他也补充道，人们总是以为他们经历的颠覆不同于以往。我们可以回顾一下前人是如何调整自己以适应颠覆的，但不要指望能准确地知道该如何适应我们所面临的颠覆。

德勤首席执行官凯茜·恩格尔贝特（Cathy Engelbert）对此表示赞同，比起人们常用的"工作之未来"这一表达，她更愿意将这些趋势称为"未来之工作"。我们赞同这种叫法上的改变，因为我们认为"未来之工作"这一表达更为乐观（此外，我们也认为它更为准确）。**它意味着未来工作方式的转变，而不是去质疑工作是否还有未来，或者未来工作是否依然存在。**奥托尔指出，目前，在许多方面，全职工作已经失去存在的必要。如果人们满足于 100 年前的生活水平，那么他们每年只需工作 17 周。相反，人们更加努力地工作，努力改进技能，不断提高生活质量。尽管我们赞同"未来之工作"这一提法中折射出的观点，但也并未完全摒弃"工作之未来"这一使用更为广泛的叫法，因为根据我们的经验，在讨论此类问题时，这一表达的使用频率最高。

以前，人们会根据当时经济形势下的工作类型去灵活调整自己的技能。1910 年，农民或农场工人是最常见的工种，在整个美国的劳动力市场中，与农业相关的工作占到将近 40%。到了 2000 年，只有大约 2% 的美国人从事农业。相比之下，1910 年，大约有 20% 的人从事专业领域、文书、管理或服务岗位，但到了 2000 年，上述领域的从业人员占到了大约 70%。为了适应这些工作，从业人员的技能也发生了变化。1940 年，只有不到 5% 的人拥有学士学位，而如今，这一比例超过了 33%。10 年前，这一比例仅为 28%，是年轻员工推动了这种趋势的发展，他们中 37% 的人拥有四年制本科学位。随着工作发生变化，人们也在调整自己的技能以适应工作要求。

当然，转向新工作方式的道路并非一帆风顺。很有可能会出现一个不可避免的问题，即无法适应者大有人在，他们会远远落后。《大西洋月刊》的一份报告中描述了这些变化造成的很多社会影响。那些因某种原因无法适应而落后的人往往会产生心理问题，会与社会脱节。当然，由经济颠覆造成的社会影响"这次也并无两样"。在《认知盈余》(*Cognitive Surplus*)[①] 一书中，克莱·舍基（Clay Shirky）认为，18 世纪之所以出现杜松子酒热潮，原因在于伦敦的城市化进程和经济衰退日益加快，人们通过喝酒来应对当时的经济衰退。近期，美国很多人服用阿片类药物成瘾，也是因为人们在各种颠覆漩涡中苦苦挣扎。工作转变造成的困难也许只能通过公共政策和政府干预来解决，这些话题值得讨论，但不在本书的讨论范围之内。

我们认为，和以往的技术颠覆浪潮一样，从业人员和经济都会努力适应新的需求。而且，如同往常一样，人们努力适应的过程往往痛苦不堪且极具颠覆性。但这一次或许会有所不同，因为我们可以往前回顾，无须经历忐忑不安和重重困难，就能找到解决方案。

人类最擅长何种工作

虽然我们无法精准预测人们的适应力如何，以及大部分工作将变成什么样，但一些专家已经指出，在某些特定方向和领域，人的能力远胜过计算机。有些人，比如专栏作者、作家汤姆·弗里德曼（Tom Friedman）认为，在提供关怀方面，人优于计算机。他指出："数个世纪以来，我们都用双手劳作，后来，我们用头脑工作，而现在，我们要用心工作，因为有一样东西是机器没有，也永远不会有的，那便是心。我们经历了从手到脑再到心的过程。"Kaggle 的创始人兼首席执行官安东尼·戈德布卢姆（Anthony Goldbloom）认为，比起计算机，人更擅长依据不完整的数据做出决策。该见解与毕加索

[①] 克莱·舍基被誉为"互联网革命最伟大的思考者"，特别关注社会网络和技术网络的交叉地带。如果我们将每个人的自由时间看成一个集合体，一种认知盈余，那么，这种盈余会有多大？其著作《认知盈余》揭示了自由时间如何改变世界的未来，该书中文简体字版由湛庐引进，中国人民大学出版社于 2011 年出版。——编者注

有关计算机的说法有着异曲同工之妙："除了给出答案，它们一无是处。"

确定哪些工作只有人类可以做可能会很有价值，但要想为未来的工作做好准备，这并非最有效的方式。从理论上讲，有些问题是计算机根本无法解决的，比如艾伦·图灵（Alan Turing）的停机问题。1936年，他在一次验算中指出，在运行一组代码前，计算机是无法判断其能否成功的。但在实践中，计算机在完成我们曾经认为不可能完成的任务时，表现超乎想象，比如面部识别和语言翻译。如果人工主要被用作填补计算机无法完成的工作空白，那么随着技术的日益进步，人类会逐渐出局。

例如，麻省理工学院媒体实验室的辛西娅·布雷齐尔（Cynthia Brezeal）正在设计一种所谓的社交机器人，这种机器人能够模拟移情关系。研究表明，人们更有可能对机器人而非人类自己敞开心扉，因为这样会大大减轻人们对于被评判的恐惧感。因此，机器人实际上是可以做关怀工作的，它们能做到人类做不到的事情。通过模拟，人工智能还能从以往的数据中获得一些新颖的见解，这是人类无法企及的。比如人工智能系统AlphaGo学下围棋时，并没有使用人类棋手的数据，而是跟自己比赛。人们下了几百年围棋都没有开发出的见解和策略，被它开发出来了。

这就自然而然地引发了一个问题，人到底比计算机优越在何处？人类在应对技术演变的过程中创造和发现了新机遇，而技术发展到最后却会取代这些新的角色。不过，这又将创造出更多适合人类的全新的工作机遇。如毕加索所言，人类善于提问，那我们应该提出什么问题呢？从近期看，我们可能会问：当技术取代了某些工作岗位时，又会出现什么新机遇呢？

提出正确的问题是人类独有的能力

自动驾驶汽车的出现必然会孕育出一些新工种。医生、护士、律师和其他专业人士可能更愿意选择上门服务,因为这样他们就可以有效地利用通勤时间。人们可以利用自家厨房开餐馆,借助自动驾驶汽车送餐。当然,还可能会有其他新工作。奥托尔提醒过我们,现在想象不到并不意味着它们不会发生。20世纪初陷入困境的农民可能没有预料到未来会有能够预测产量的数据分析师这一职业。我们无法忽视这样一个事实:技术很可能最终会进化到取代这些新岗位的程度,比如善解人意的机器人有一天可能会取代上门服务的医生。但我们认为,这些变化并非一蹴而就。马尔科·扬西蒂(Marco Iansiti)和卡里姆·拉哈尼(Karim R. Lakhani)认为,区块链想要成为主流还要20年或者更久。就算技术突飞猛进,社会和机构的变化却没有那么快。

早在毕加索之前,伏尔泰就说过:"**判断一个人时,要看他提的问题是什么,而不是看他的回答。**"具有讽刺意味的是,事实上,在技术颠覆的背景之下,就针对工作新机遇提问而言,人类天生优于计算机。很多时候,人们会结合先前的事例进行提问,这些事例可能是从他人那里听来的,涉及的是人类天生就比计算机更擅长完成的一些任务。这种提问能力部分归于弗里德曼所谓的同理心,因为它包括甄别新环境中人类未被满足的需求和欲望的能力。也可部分归于戈德布卢姆基于不完整数据做出决策的理论,因为这些问题明确了技术发展创造的新环境中的需求。换言之,在甄别技术发展和技术颠覆带来的机遇方面,计算机不如人类做得好。在甄别差距方面,人类简直再适合不过,他们还会调整自己的技能,并投入时间满足这些需求。至少就目前而言,**提出正确的问题是人类独有的能力**。

成为终身学习者，职业道路的"转向"

未来的工作对个人的启示何在？或许，最重要的一点在于，人们需要做好准备，成为终身学习者。随着技术的日新月异，人们显然需要学习新的技能才能跟上时代的步伐。从根本上讲，这就需要人们在职业生涯中培养成长型思维。弄清人类将如何为人机合作伙伴关系做出自己特有的贡献是一回事，而抓住机会付诸实践则是另一回事。技术进步和人机合作关系带来了变化，人们需要培养新的技能去适应这些变化。

这一预测带来的一个启示可能是：**人们需要不断学习新技能才能继续留在自己选定的专业领域，还有另外一个启示，即终身职业的概念将成为过去式**。技术颠覆的速度迅猛异常，人们在职业生涯之初从事的工作，早在职业生涯结束前就被淘汰了。即使这些工作依然存在，技术也将重塑它们，完成这些工作所需的技能将截然不同。由于人们的技能在某一工作或行业中得不到重视，他们会"转向"新的职业，这就要求他们在新岗位或行业中做出自我调整。这一转向可能会采取传统的再培训形式，也有可能是将已有技能用于新环境，上述做法都能使员工拥有一系列新技能，为其下一次职业转向积蓄力量。正如我们在第2章中所述的，公司需要吸收能力来适应创新，持续性学习能力和成长型思维能使个人随机应变地培养新技能。

转向之必要意味着，在变幻莫测的工作环境中，个人需要规划自己的职业道路。我们可以借冲浪来比喻未来的职业道路。冲浪者在特定的时间内抓住一个浪头，起乘至浪潮退去，此时他们必须将冲浪板移出浪区，寻找下一个浪头。有些冲浪者选择一路劈波斩浪，直至被浪头拍下，而另一些人在海浪到达顶峰前就会选择放弃，这样有助于他们抓住下一个浪头。同样，一些员工选定一条路后就会长期坚持，而另一些人则会很快转变方向，从一个浪峰跳至另一个浪峰。无论如何，针对员工选择的不同职业道路，公司需要给予帮助和支持,以确保公司能够获得所需的人才,正如前一章提及的信诺,公司会确定哪些是有价值的技能,并给予大力支持。

数字化转型实践　DIGITAL TRANSFORMATION CASE

人才联盟:为合适的求职者匹配合适的工作

人才联盟的奇普·乔伊斯认为,在未来,企业与员工的互动方式将大不相同。根据里德·霍夫曼在《至关重要的关系》一书中的研究成果,乔伊斯认为,未来的企业会对员工实行短期轮岗制,而不会无限期地雇用某个员工。短期轮岗制的目的在于提升员工技能,同时促使员工开创自己的职业道路。一般来讲,应每 2～4 年轮一次岗,轮岗的目标需明确,既要有利于企业使命的履行,也要有利于员工职业道路的发展。

管理者致力于员工技能的培养,以帮助他们顺利任职。之后,基于公司需求和员工的职业目标,他们会共商下一次的轮岗任务。

员工可根据自己当前的职业目标选择岗位。为了得到培养新技能的机会,他们可能会接受某一薪水稍低的职位,或者如有成家打算,他们会选择对工作时长要求较短的职位。相反,如果他们有坚定不移的职业理想,可能会选择收入更高、能完全利用已有技能和要求每周工作 80 个小时的岗位。

乔伊斯的设想好比一个数字仪表盘,公司通过它可以找到具备适当技能和拥有符合他们要求的职业理想的员工。该设想并非"放之四海皆准"的招聘手段,而是从更加细致的视角出发,使雇主根据双方当前的期望,为合适的求职者匹配合适的工作。乔伊斯认为,借助这种手段,公司将吸引更多积极进取的员工,员工也能根据自己的职业阶段获取恰当的机会。

员工的"五步走",转向之路不止一条

汤姆·达文波特(Tom Davenport)和朱莉娅·柯比(Julia Kirby)描述了员工为应对数字化颠覆进行职业转型的几种不同方式。他们将其称为员工的"五步走"。

- **第 1 步:向上迈步**。向上迈步指的是员工培养那些能使自己在遭遇数字化颠覆的行业中更具价值、更有市场的技能。例如,深造以及持续提升技能以应对颠覆。如第 9 章提及的信诺,公司可通过制订战略人才培养计划给予支持。

- **第 2 步:向旁移步**。向旁移步的员工会在不易遭受技术颠覆的领域发挥优势,如考验情商的领域,或是不容易被编码的隐性知识领域。又如,培养创造性技能或掌握间谍情报技术。通过硬技能和软技能的结合,有助于解决公司中的一些利益问题。

- **第 3 步:往里涉步**。当有人选择这一方式时,他们已经开始针对遭遇数字化颠覆的行业培养自己的技能了。例如,放射科医生开始熟练地使用和掌握电脑诊断,以监控诊断过程和学习何时进行干预。公司需要支持员工去学习他们专业领域的新技术。

- **第 4 步：步子迈小**。这是指员工专攻某个在未来不太可能被计算机颠覆的领域。达文波特和柯比举了个例子：有人专门为邓肯甜甜圈专卖店的买家和卖家牵线搭桥。这属于极其小众的能力，绝不会引起足够多的关注，从而转向自动化。公司应该用心甄别和支持具有这些小众能力的员工，因为他们身上有竞争对手并不具备的东西。

- **第 5 步：向前迈步**。所谓向前迈步，指的是员工试图赶在数字化颠覆的前面，开发出能代表下一波颠覆浪潮的技术。这些人现在要么在研究区块链的下一重要运用方向，要么在开发自动驾驶汽车的组件。各行各业的公司都在通过提供资金支持以及参与初创公司的生态系统来支持这一做法。

"半杯水"视角，迎接连续不断的职业浪潮

虽然人们很容易为丧失终身职业的安全感而感到悲伤，但这种对职业道路的破坏和开创确实有其益处。我们可能都认识这样一些人，他们因做着自己不喜欢的工作而倍感困惑，原因仅在于他们认为自己缺乏追求新机会的能力。未来，这些前途渺茫的工作更是会走向穷途末路，因为线性职业道路不再适应技术变革，而某些特定职业也将昙花一现，走向终结。公司已经开始适应个人职业道路的这些变化。人才联盟建议，公司应采取短期轮岗制，员工在某个岗位工作几年后再转至新的岗位。该方法的好处在于，持续学习的前景会深植于公司的组织结构和组织流程中。员工不仅在新岗位中学到了新技能，而且还为现有工作提供了新视角，带来了新技能。

某些年长的员工可能会满腹牢骚，因为临退休了还要学习新技能。我们

认为，之所以有这种反应，主要是因为他们认为自己不需要继续学习。20世纪八九十年代进入劳动力市场的人认为，他们可以在职业生涯中掌握一系列技能，结果却让他们大失所望，这种反应倒也正常。他们很难掌握这些技能，是因为他们并未践行终身学习的理念。如今的员工不再抱有这种想法，他们已经习惯而且也有能力去学习所需的技能。

这种不断转向下一个职业浪潮的需求还有另一层含义，即员工充满激情地规划自己职业探索之路的需求和/或能力。所谓激情，我们指的并不一定是那种为了某个特定目标不顾一切的长期的渴求。相反，我们将其视作一种需要去审视环境、去确定个人兴趣和市场机会在哪个点上将会最大化的机会。美国作家弗雷德里克·比克纳（Frederick Buechner）将其称作一种召唤，世界的深层需求和个人的深切喜悦在此处契合。世界经济论坛（World Economic Forum）借日本"生命的价值"（ikigai）这一概念来代指这个交汇点。在交汇点上，你所挚爱的、擅长的、所能获益的、世界所需要的，都契合于一处。我们认为，这些连续不断的职业浪潮可以为员工提供更多机会，让他们实现生命的价值，随自己兴趣的变化去追求新的道路，而遭遇颠覆的世界创造了实现这一切的新机会。

理查德·康尼夫认为，卢德分子并不反对技术本身（与普遍观点相反）。相反，"最初的卢德分子会强调我们是人"。无论是卢德分子案例中的纺织制造机器，还是当今的机器人和人工智能，在人害怕被机器取代的这个世界里，员工都会想方设法寻求自己的价值和意义。**技术并不会遮蔽意义，默认员工是可以被轻易取代的商品反而会遮蔽意义。**"认为人们反对的仅仅是技术是错误的，要摒弃这种观点，要更清楚地看到，他们的抗议活动是要提醒我们，我们可以与技术和谐共生，但前提是，对于技术对生活的影响，我们还是要保持怀疑精神。"

10 终身学习，针对未来的工作进行自我定位

章末总结

已知事实	应对策略
• 技术将继续颠覆所有类型的工作，即使我们无法精准预测这种颠覆将以何种方式在何时发生。与此矛盾的是，即将被颠覆的工作在消失前可能变得格外有价值。 • 说到未来之工作，人们必须终身学习，获取新技能，以应对数字化颠覆带来的需求和机遇。	• 关注工作是如何遭遇颠覆的，以及技术取代了哪些技能。甄别公司中哪些工作有可能在下一年、未来 1～3 年或 3 年之后遭遇颠覆。 • 对于每一类可能遭遇颠覆的工作，制订一个行动计划，看看要怎么处理受影响的员工的问题。 • 可以视情况将这些行动计划与培训及学习机会结合起来，确保员工有机会针对未来的工作进行自我定位。

THE TECHNOLOGY FALLACY

第三部分

营造数字化文化，
4个原则助你打造成熟的
数字化组织

数字化转型新视角

1. 技术只是数字化转型的冰山一角。
2. 当今市场暗流涌动,且以客户为中心,唯一的应对之道就是具备敏捷性。
3. 人们因专业化而富有价值。
4. 创新不是看竞争对手在做什么,而是你认为5年后的自己能做什么。
5. 有效创新始于小事,不能华而不实。

11

3个要点，营造真实的数字化环境

THE TECHNOLOGY FALLACY

在我们生活的世界中，大多数商业领袖都对管理学大师彼得·德鲁克的箴言心服口服："文化能把战略当午餐吃掉。"这不足为奇，但凡讨论到数字化转型，文化都举足轻重。公司在努力理解数字化当先的文化有哪些要素。一些公司向着心中的圣地硅谷进军，甚至尝试在那里创业，希望能呼吸到相同的空气，最好还能吸收一点硅谷的魔力；另一些公司则试图通过设计出时髦的新办公空间，如舒适的沙发、开放的合作空间、桌式足球桌以及只允许穿牛仔裤的着装要求，来营造一种数字化当先的氛围；还有一些公司试图通过改变领导岗位的名称来证明他们真的实现了数字化，但除名称变了之外，他们并不懂这到底意味着什么（例如，改称首席营销官为首席数字官）。

但数字化文化的内涵远不止于此。数字化文化不仅涉及公司如何装饰其空间，以及使用什么样的工具，还涉及公司的行为方式、公司的价值观，以及公司无须总是挂在嘴上却深植于心的信念。数字化文化通常被认为是"看不见摸不着的"，或是某个地方的某种"氛围"。因为它是一种模糊不清的感觉，所以常常被视为"锦上添花"。然而，正如我们在研究中发现的那样，在追求成功的过程中，文化是不可选择的。事实上，我们发现，**文化是数字化成熟度的一个关键因素**，尽管它有点难以确定。那么，什么是文化呢？它通常被定义为一个群体的社会行为、规范和信仰。它代表着"某个地方的行事方式"。文化不仅仅是写在宗旨声明或道德规范里的东西，也是公司里的人普遍相信和接受的行为模式。通过这种方式，文化可以强有力地推动（或极大地阻碍）数字化成熟。事实上，在我们的研究中，文化僵化、骄傲自满和缺乏敏捷性都被认为是数字化趋势下公司所面临的最严峻的挑战。换言之，一个公司的文化可以阻碍或促进其人才和领导者的成长，也可以阻碍或促进整个公司的数字化发展和成熟。

麻省理工学院斯隆管理学院的荣誉退休教授埃德加·沙因（Edgar Schein）研究了公司文化、过程咨询、研究过程、职业动力，以及公司学习与变革。沙因描述了公司文化的3个层次。

- **第1层：人工制品，我们肉眼所见的东西**。指某个初来乍到者、来访者或咨询顾问会注意到的东西（例如，穿着打扮、布局、陈设、正式程度等）。

- **第2层：信仰价值，他们挂在嘴上的东西**。凡事之所以如此，以及为何应该如此，都与他们告诉我们的东西有关（例如，公司理念、常规惯例和解释辩护等）。

- **第3层：深层想法，他们深信不疑并据此行事的东西**。指对公司及其工作、目标、员工、回报等抱有的无意识的、认为是理所当然的信念。

但是，要解决文化，尤其是深层想法层面的文化，是极具挑战性的。它不可捉摸又微妙复杂。关于如何在公司中创造一种正确的文化或环境的书不胜枚举。罗恩·弗里德曼（Ron Friedman）的《最佳工作场景》（*The Best*

Place to Work）是入门的好选择。在本章中，我们将聚焦已知的关于数字化文化的3个要点：

- 要点1：数字化文化对于接受数字化业务至关重要。
- 要点2：数字化文化独一无二且始终如一。
- 要点3：数字化文化须有意为之。

要点1：数字化文化对于接受数字化业务至关重要

思考数字化文化时，需要想一想如何在公司中营造一种适当的环境，使员工、人才和领导者发挥最大的作用。正如我们在第二部分所讨论的，当今公司的成功需要员工持续学习、适应、创新、创造和引领。合适的人才和领导者将引发变革与创新，最终促进公司的成长。但是，本着使人才和领导者发挥最大作用的目的，你需要树立正确的文化，营造适当的环境。我们在研究中时常听说，有些公司聘用了数字化人才或领导者，但他们被公司文化捆住了手脚，难以施展才能。

我们可以将文化比作鱼缸里的水，如果无法使水缸内的化学物质保持平衡，鱼就会死掉。正如第6章中提到的进化植物学家威廉·约翰森从植物种子中所发现的那样，环境因素对生物体的特征、生长和潜能的发挥有很大影响。除了最大限度地帮助员工发挥潜能外，文化也是推动公司接受和参与数字化业务的一种有效而重要的方式。处于数字化成熟度3个不同阶段（初始阶段、发展中阶段和成熟中阶段）的公司在引领变革方面有着截然不同的方式。尽管初始阶段与发展中阶段的公司在实现这一目标方面存在细微差别，但它们与最先进的成熟中阶段的公司之间的差异要显著得多（见图11-1）。

初始阶段和发展中阶段的公司通过管理层指令或技术来推动数字化转型。相比之下，成熟中阶段的公司往往会通过创造有利于转型发生的成熟条件来拉动数字化转型。我们仍在进行的研究就是在积极探索这种由文化驱动的、自下而上的方法。到目前为止，研究结果表明，许多公司采取的自上而下的指导方法可能是错误的。

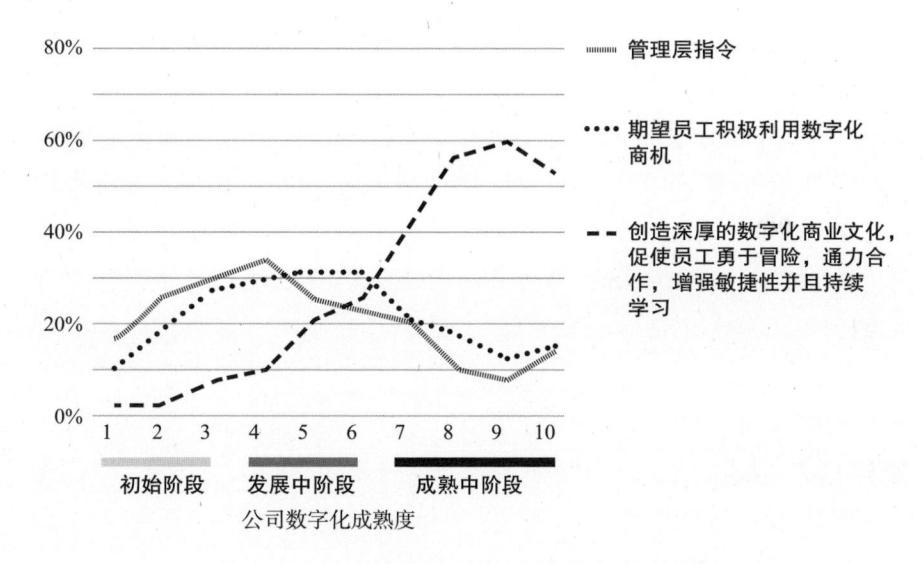

图 11-1　不同成熟阶段的公司引领变革的方式

注：只显示 3 个成熟度级别中最多的答案。

管理层指令

来自初始阶段公司的受访者表示，在推动对数字化业务的接受和参与方面，公司采用的主要方法是由管理层发布行动指令。在这种情况下，公司领导者会确定下一项数字化举措，员工要做的就是服从。该方法的一个主要问题在于，自上而下的指令在推动数字化接受度方面往往没有什么效果。学术文献中有大量案例表明，如果员工不愿意，他们可以找到各种各样的方法来逃避指令，有的员工会拖拖拉拉，有的则是刻意阻碍新举措。员工使用技术的方式也可能出人意料，这与指令中的业务目标可能一致，也可能不一致。即便没有这些问题，试图通过强制员工做事，以从技术中获得预期的商业价值，困难重重。

数字化领导力需要不同于传统制造时代根深蒂固的命令－控制型结构的方法。哈里·杜鲁门（Harry Truman）总统在谈到其继任者德怀特·艾森豪威尔（Dwight Eisenhower）将军时提到了一个类似的观点，他认为美国总统在任期内使用军事手段百无一用："他坐在这里，说'做这个！做那个！'结果毫无用处。可怜的艾克[①]，这里又不是军队。他肯定会非常受挫。"同样，如果管理者只是一味地下指令要求实现数字化转型，结果很可能不尽如人意。

期望员工接受

数字化发展中阶段公司的做法全然不同。这些公司希望员工先建立数字化平台，然后再加以利用。这与凯文·科斯特纳（Kevin Costner）1989年的电影《梦幻之地》（*Field of Dreams*）中的那句咒语"你造好它，他们就会来"并无二致。管理者也清楚，没有什么神奇力量可以驱使员工去接受新举措，他们也不会像在其他情况下那样提供时间、给予支持，以及推动员工接受。相反，公司往往会在搭建数字化平台方面投入大量时间、金钱和精力，期待员工能清楚地认识到该技术的价值，从而自然而然地利用这些平台来完成工作。当然，设计出对用户友好的工具或对用户有明显价值的平台无疑极其重

[①] 艾森豪威尔的绰号。——编者注

要。希望员工主动接受的公司大都仅强调搭建平台的技术层面，而且通常其实施效果也不错，但是他们却忘了一点，在构建全新的数字化基础设施的同时，公司还要根据新举措所需，变革组织结构。

员工不仅需要接受培训从而学会使用新技术，他们还需要时间来弄清如何将这些工具融入自己的工作。在与沃顿商学院吴林恩（Lynn Wu）教授共同进行的研究中，我们发现，新数字化平台在前几个月的使用实际上会妨碍员工的表现。在使用约6个月之后，公司才会看到员工的表现有了明显提升。

在接受新举措之前的阶段，如果仅寄希望于员工去学习如何利用新技术开展工作，会使员工和公司在数字化转型中处于劣势，不利于成功。这种期望很不现实，但不幸的是，却非常普遍。

在公司给员工提供空间学习使用新技术方面，德国化工公司巴斯夫（BASF）是一个极好的例子。他们鼓励项目团队采用新的协作平台。与此同时，这些团队禁止成员之间使用电子邮件进行交流。这样一来，为了弄清如何使用某一工具，团队就需要在一起工作。尽管一开始困难重重，但他们最终还是欣然接受，因为该平台的功能有助于提高工作效率。

通过文化推动转型

数字化成熟中阶段的公司推动数字化转型的方式全然不同，它们专注于营造数字化转型发生的环境。近60%的受访者指出，他们的公司通过培养深厚的文化来推动数字化工作，该文化强调冒险精神、通力协作、敏捷性和持续学习。一旦公司进行数字化转型的条件成熟，领导者可能会发现，形成竞争所需的战略和技术变革会容易很多。一旦公司具备了适当的风险承受能力，员工通常也会更乐意尝试新事物。例如，尽管谷歌著名的"20%自由时间"政策已成过去式，但由于公司鼓励员工在这段时间里进行各种尝试，员工依然保有试验精神和勇于承担风险的能力，这有助于他们不断创新。

哈佛大学的尤查·本科勒（Yochai Benkler）认为，员工更倾向于基于周围条件展开协同合作。他指出，在包含经典的"囚徒困境"游戏（prisoner's dilemma game）的行为实验中，30%的人愿意合作，30%的人总是以自我为中心。剩下40%的人会根据环境信号来决定哪种方式占主导地位。如果他们得知自己玩的是华尔街游戏（Wall Street game），这40%的人会基于理性的利己主义行事；但如果他们得知自己玩的是社区游戏，这40%的人就会团结一致，合作行事。向员工发出正确的信号也是培养恰当环境的有效途径。

如果你的公司正在思考（或重新思考）自己的数字化转型计划，你应该自问是否采取了恰当的方式？是否通过强制采用或提供技术的方式在公司中推动数字化转型？或者，你是否创造了各种条件，以拉动变革，并促成预期中的转型？这些差异可能会决定数字化转型的最终成败。

要点2：数字化文化独一无二且始终如一

那么，什么样的文化能让人才和领导者助力数字化的应用和转型呢？事实证明，数字化文化就像雪花，没有两片雪花是完全相同的，也没有两种文化是完全相同的，尤其是在沙因所说的人工制品和信仰价值方面。但是，雪花也有一些共同特征，比如它们无一例外都呈六边形（或称"六重对称"），与之相同，数字化文化有共通之处，也有自成一格之处。我们问了受访者一系列有关公司数字化文化的问题，然后采用了一种叫作"聚类分析"的统计技术，将相似的答案归为一类。我们的聚类分析得出了一个清晰的结论，即公司文化明显呈现出 3 种不同类别，与我们对初始阶段、发展中阶段及成熟中阶段 3 个阶段的划分类似。换言之，我们的数据分析表明，这些公司的文化明显不同，即使在分析中并未涉及有关公司数字化成熟度的数据。仅这一项新的分析就能证实我们多年来一直采用的 3 个阶段，并且表明处于不同阶段的公司拥有截然不同的文化。

然而，为了更好地理解这些研究发现的意义，请注意这一分析法的两个重要特征。首先，聚类分析中并未考虑到由受访者评定的数字化成熟度等级。该分析未考虑公司在数字化方面做出的努力，仅对公司文化进行分析，结果却再现了我们对数字化成熟度的 3 种分类，且与实际的数字化成熟度分组有 90% 的相关性。换言之，我们的分析表明，一个公司的文化与其数字化成熟度密不可分。

其次，聚类分析并未明确规定聚类个数，只是试图找到最适合数据的分组数量。聚类分析本可以很容易地显示出 4 组、2 组或 5 组。我们的分析结果显示，在指定维度上，3 个数字化成熟度分组可以有力地解释公司文化的相似性。该分析为我们的 3 个数字化成熟度分组提供了强有力且客观的证据（见图 11-2），而且证实这 3 个阶段是我们走向数字化成熟的正确途径，至少在某一独特的文化中是如此。

我们的数据显示，一些文化特征与数字化成熟度相关，而且这些特征在各个行业和各种规模的公司中毫无二致。具体来讲，实现数字化成熟的公司具有以下特征：

- 领导结构层级更少，更为分散。
- 更具协作性和跨职能性。

- 鼓励试验和学习。
- 更无畏、勇于探索,风险承受力更强。
- 更敏捷,能迅速采取行动。

		1	2	3	4	5	
敏捷性	迟钝 深思熟虑		○	●		●	机敏 迅速行动
风险偏好	谨慎 规避风险		○	●	●		无畏 勇于探索
决策	直觉型			○	● ●		数据驱动型
领导结构	层级型		○	●	●		分散式
工作热情	谋生手段			○	● ●		为工作而生
工作风格	独立 壁垒式	○		●		●	协作式

○ 初始阶段　　● 发展中阶段　　● 成熟中阶段

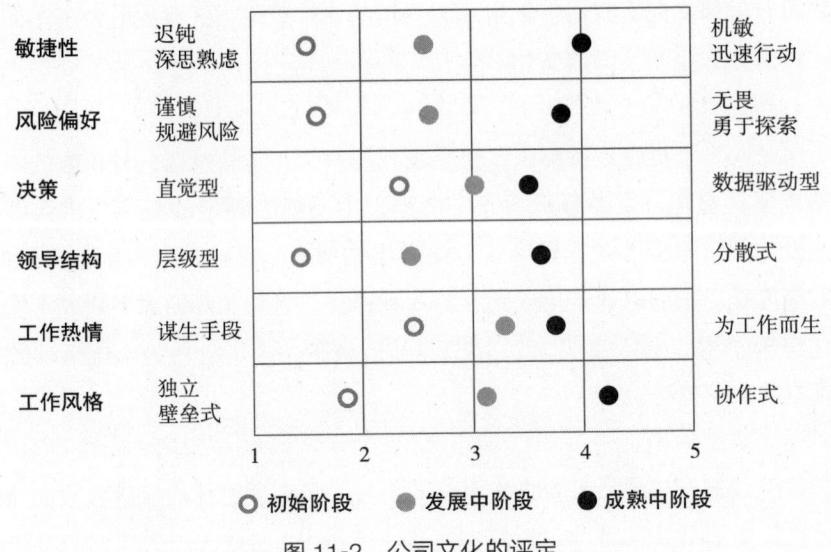

图 11-2　公司文化的评定

注:评分范围为 1～5 分。

这些发现表明,通过培育数字化文化的这些标志性特征,所有公司都可以在某一领域开启数字化转型的进程。这些发现为我们已经提出的观点提供了进一步的证据,即技术只是数字化转型的冰山一角。

要点 3:数字化文化须有意为之

聚类分析的结果使我们更加坚定自己的主张,即技术实际上并非数字化转型中最重要的部分。在不考虑公司努力的情况下,如果说文化特征与数字化成熟度息息相关，实现数字化成熟的公司通过文化转型推动数字化转型，那么迫在眉睫的挑战在于促进公司文化的转型，以提升公司对变化的适应力。如果公司拥有正确的文化，那么技术和业务流程的改变就会更加容易。就这些结果，我们需要做出如下声明：本研究利用高管和员工的回答对公司文化进行分类，我们要求他们描述公司的真实情况，而不是只相信公司所说的。此处的启示是，若想使公司更具风险承受能力、更具敏捷性，领导方式更为分散，仅凭管理层在这些问题上口头许诺的空头支票还远远不够。

正如我们在第 3 章中提到的，许多公司都在谈论数字化转型。他们可以大谈特谈数字化战略，也可以说出让公司更具敏捷性、更具风险承受能力之类的漂亮话，但真正发生变革的公司却少之又少。有效的数字化文化具有一目了然的特征，可拥有这些特征绝非易事。不过，企业正在成功地构建灵活敏捷、乐于协作、无畏探索的文化。他们是怎么做到的？这就引出了我们有关数字化文化的第三个要点，即数字化文化必须有意为之。许多数字化成熟中阶段的公司在有意地构建企业文化。

数字化转型实践　DIGITAL TRANSFORMATION CASE

Salesforce：树立对彼此负责的企业文化

　　Salesforce 努力应对每一家初创公司在成长过程中要面临的文化挑战，恪守公司成立之初就确立的核心价值和理念。为了坚守其数字化文化，Salesforce 可谓殚精竭虑。"我们的文化是有意为之的，"员工营销和参与部副总裁乔迪·科纳（Jody Kohner）说道，"文化并非水到渠成之事。"

公司历来重视夏威夷大家庭文化中的"欧哈那"（ohana）价值观，这也是公司有意为之的文化的开端。"'欧哈那'指的是一群人团结在一起，对彼此负责，"科纳说道，"我们从第一天起就通过行动、项目和倡议等来强化这种家庭观念。"Salesforce 文化中有意为之的要素还包括建立信任和促进职业发展。例如，为了维护和加强公司文化，公司要求员工直言不讳，希望他们真诚坦率，并因此觉得舒适。

公司与员工之间的信任一旦建立起来，就可以转化为其他价值观，比如公司赋予员工决定自己职业生涯的权力。"众所周知，在硅谷，跳槽的人不计其数，"她说道，"我们的领导者和管理者明确鼓励员工在想要接受新挑战时勇敢站出来。这有助于我们甄别发展机遇，鼓励诚信文化，在我们公司，表达自己的感受不会有什么不好的后果。"

富者更富

我们的研究表明，事实上，在数字化进程中，更先进的公司会有意将文化建设视为重中之重。我们的数据表明，或许更重要的是，成熟中阶段的公司也在努力进一步培育能够促进数字化转型的文化特征。我们询问受访者，面对数字化趋势，公司是否正在积极推行举措，以改变公司文化，使其有更强的协作性、风险承受力和敏捷性。受访者的答案与公司数字化成熟度的关联性极大（见图 11-3）。在初始阶段公司的受访者中，23% 的人表示他们正在积极地尝试培育数字化文化，发展中阶段的公司 54% 的受访者持同样看法，而在数字化成熟中阶段的公司中，则有高达 79% 的受访者表示，公司正在实施这些文化举措，其余 21% 的受访者既不同意也不反对。

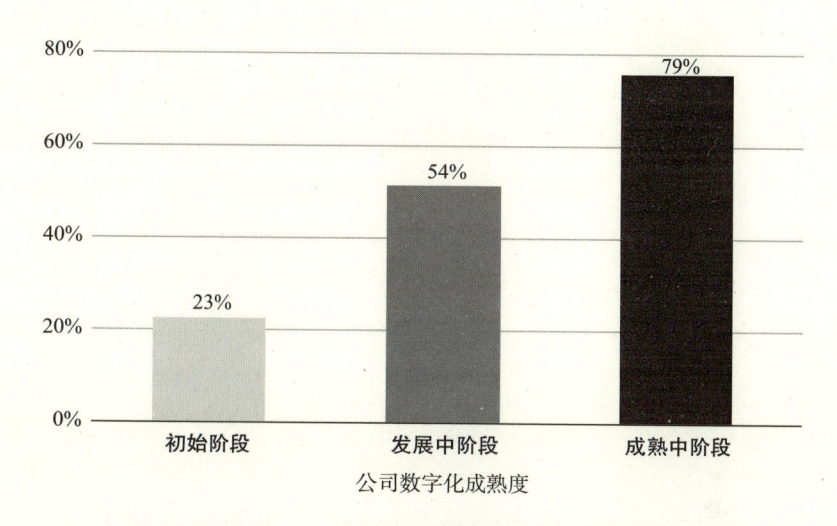

图 11-3　认为公司正在积极培育数字化文化的受访者比例

　　换言之，走在数字化转型前列的公司正在加倍努力地让公司在这条道路上走得更远，数字化成熟度越高的公司将会越发成熟，已具备最佳协作性、敏捷性和风险承受能力的公司也最有可能通过努力变得更好。我们的一些访谈数据表明，一旦这些公司体验到文化转型带来的好处，他们就会继续朝这个方向前进。他们还认识到，公司是趋向于稳定状态的，而这种状态是抗拒变革的，因此他们必须不懈努力，保持必要的灵活性，以使转型持续下去。其他公司意识到，公司处于发展之中，还在不断地招聘和吸收具有不同文化背景的新员工，因此，保持自己已趋成熟的数字化文化显得越发重要。与此同时，在颇具规模且日益壮大的公司中坚守并增强自身文化是他们面临的又一大挑战。无论原因如何，道路是一样的。只有不断致力于具备高效文化的特征，数字化成熟中阶段的公司才能持续推动数字化转型，以跟上世界日新月异的步伐。

　　相反，那些远远落后的公司则不太可能考虑采取这类举措来培育数字化友好型文化。与数字化成熟中阶段的公司相比，他们可能只是积极性不高，或者更有可能的是，在尝试实现数字化成熟的过程中，他们对公司的关注点有误。如果这些趋势持续下去，我们很有可能看到，成熟中阶段公司和初始阶段公司的差距会日益扩大，因为领导者们都在加倍努力地提升公司的成熟度。由于异常迅猛的技术变化，这些特征将越发显示出其重要性。

数字化转型实践 DIGITAL TRANSFORMATION CASE

Slack Technologies：秉承 3 个原则，在日新月异中保持领先

为了能与时俱进，总部位于旧金山的通信软件平台 Slack Technologies 竭尽全力地建立有利于实现数字化成熟的文化。Slack 首席营销官比尔·马凯蒂斯（Bill Macaitis）表示，在日新月异的环境中，企业文化是他夜以继日工作的动力源泉。为了巩固企业文化，马凯蒂斯秉承以下 3 条原则。

- **原则 1：基于企业文化招聘**。在招聘过程中，Slack 会以公司所有的核心价值为标准进行筛选。"我们招聘员工的时候，会看他们是否具备同理心，是否彬彬有礼，还会检验他们是否具有一技之长，"他说，"一旦对求职者发出邀约，就意味着我们坚信他们符合我们的价值观。"

- **原则 2：团结在企业文化周围**。Slack 通过奉行"人人都有用"的理念强化企业的同理心文化。设计人员、开发人员、产品经理同客户支持人员一道回答客户提出的问题。产品制造人员亲耳听到已有客户的问题,这有助于他们建立起同理心。

- **原则 3:恪守企业文化**。马凯蒂斯说道:"墙上到处可见我们的价值观。但是,老话说得好,写了什么不重要,重要的是你做了什么。你必须以身作则并提供大量培训,这正是我们努力的方向。"

数字化转型中的"一招妙法"

纵观互联网,鼓吹"一招妙法"的网站多如牛毛。这些妙招可以帮你成功甩肉、获得终身财富,或者吸引到一个完美对象。这些承诺大多好到令人难以置信,但我们的研究结果表明,**若想实现数字化转型,制胜的"一招妙法"在于发展稳健有力的文化**。至少,它为管理者提供了一个致力于数字化转型的清晰明确的平台。即使你不清楚什么平台或战略适合自己的公司,也可以开始培育这些文化特征。

有些公司不确定实现数字化成熟应该先从哪一块业务做起,对这些公司而言,从培育数字化程度更高的文化着手似乎是个不错的选择。无论处于哪个行业,无论公司规模如何,对所有公司而言,都有一条通往数字化成熟的清晰道路,那便是构建高效文化。

它为试图提高公司数字化成熟度的高管们提供了一套强有力的指导方针。在接下来的 3 章中,我们将深入讨论具体的文化特征,尤其是敏捷性、协作性、冒险性和试验性等几个方面。

章末总结

已知事实	应对策略
• 处于不同数字化成熟阶段的公司会以不同的方式推动数字化转型。初始阶段和发展中阶段的公司往往依赖于推动技术，特别是以自上而下的方式发布指令或提供技术。现有研究表明，这些技术在实现数字化转型方面可能毫无作用。 • 相比之下，数字化成熟中阶段的公司倾向于通过培育一种公司文化来鼓励数字化转型，这种文化创造了促进转型所需的条件。 • 数字化文化独一无二且须有意为之。	• 利用本书中提出的公司文化特征，评估当前的公司文化。 • 在不同的数字化文化维度上（例如，冒险性、敏捷性、协作性），将现状与你想要或需要达到的水平进行比较。 • 从数字化采用的角度审视你当前的数字化举措，识别出与文化相关的挑战。 • 你需要确定在实施这些举措时使用的是推动法，还是鼓励法。对使用了推动法的领域，你需要思考该如何转向鼓励法。

12

敏捷，让组织得以应对错综复杂与模棱两可的世界

THE TECHNOLOGY FALLACY

2001 年初，17 名软件开发人员在犹他州斯诺伯德（Snowbird）汇聚一堂，分享各自的理念和各种软件开发方法。他们讨论出了"敏捷软件开发宣言"（Manifesto for Agile Software Development），该宣言建立在 4 种价值观的基础上，即个体和互动重于流程和工具，可用软件重于详尽的文档，客户协作重于合同谈判，应对变化重于遵守计划。以上价值观包含的 12 条具体原则（例如，原则 6 是向开发团队传递信息，以及在开发团队中传递信息最高效的方法是面对面交谈），也是"敏捷软件开发宣言"的基础。

"敏捷式"是一种软件开发方法，它以快速的迭代方法取代更为传统的瀑布式方法，后者可依次贯穿需求、分析、设计、编码、测试和操作等几个截然不同的阶段。瀑布式方法的一个主要问题在于，如果一开始未能透彻地理解需求，那么最终的产品可能无法满足预期用户的需求。这种方法不太适合当今世界不断变化的环境。敏捷理念已不再局限于软件开发。我们早在第 1 章就指出，受访者认为公司对变化的反应过于迟钝，容易骄傲自满，也没有足够灵活的文化，无法迅速适应技术带来的竞争环境的变化。

对许多公司来说，敏捷软件的开发方法（口语中常用名词"敏捷性"来指代）为这些问题提供了解决方案。敏捷已"进入主流管理思想，一些评论家称其为下一个大事件"。《福布斯》杂志撰稿人史蒂夫·丹宁（Steve Denning）写道："敏捷的崛起超越了软件本身，掀起了一场风靡全球的运动，这是因为人们发现，当今市场暗流涌动，且以客户为中心，唯一的应对之道就是具备敏捷性。"面对日新月异的环境，敏捷使公司能应对自如。在无常、不确定、错综复杂和模棱两可的世界中，敏捷性能使公司蓬勃发展。

敏捷开发的两个关键原则

对于所有行业的公司在实现数字化成熟过程中面临的各种变化和困难，敏捷软件开发的许多原则和实践都是适用的。敏捷式方法以增加结果变化为导向，在无法确定"最佳"方法时，它确实大有裨益。对于跨职能团队而言，这些方法对工作极具价值。敏捷式方法摒弃了需要精心策划的传统开发方法，采用一种于测试中学习的迭代开发方法，目的在于获得最小可行性产品（MVP），然后在一个周期内由客户反复使用，从而使之后每一次产品的迅速发布得以持续改进。敏捷软件的倡导者强调了开发过程中的几个关键性原则。

第一个原则涉及主要行动者间的合作与沟通。之所以关注个体与互动，以及客户协作，是因为在项目开发中，所有利益相关者之间需要进行良性沟通。当流程偏离预期轨道时，公开的沟通渠道有助于找出症结和彻底说清楚。这种偏离可能是因为对需求存在误解，也可能是因为环境变化或其他因素使然。我们将在第 13 章中具体讨论有关协作的话题。

第二个原则更侧重产品开发的过程。发布可用软件，应对与产品的迭代开发同时发生的变化。团队开发出一个可用软件产品，由用户找出其主要优劣势和缺少的功能，为下一次迭代开发提供重要的反馈意见。每次迭代都可视为一次试验，用来测试下一版本的产品是否更接近预期目标。第 14 章将更深入地讨论公司如何利用试验和迭代来推动公司变革。

敏捷原则是实现公司数字化转型的有效途径。团队并不会制订长期的响应指南，而会制订短期计划，从而使公司和业务流程发生小规模变化。接下来，团队会评估干预措施达到预期目标的程度，然后策划下一次小型干预。敏捷团队不会为数字化转型制订宏伟的计划；相反，他们一次只做一件小事，并会评估其效果，然后重来一遍。管理层必须就公司的战略方向与这些团队进行有效沟通，同时关注并广泛传播团队的成果，如此才能汇聚为一股意义重大的变革浪潮。管理层不会直接告诉团队下一步需要做什么，在持续的双向沟通机制下，行动是优先于计划的，未来的行动也基于当下的成果。

战略敏捷性，公司适应变化的能力

我们对敏捷式方法本身并不感兴趣，我们感兴趣的点在于，它们在何种程度上使公司更能适应数字化环境——更快速地感知和做出反应。接受我们调查的受访者称，数字化成熟中阶段的公司能够迅速采取行动。为了将这一过程与敏捷式方法相区别，我们将其称为战略敏捷性，这是公司适应因全新或不断发展的技术而不断变化的市场环境的一种能力。面对数字化挑战和各种不可预测的风云变幻，公司须不断审视环境，从而发现技术带来的战略挑战和机遇。例如，几乎没人想到，智能手机的普及推动了优步的崛起，从而对整个出租车行业构成极大威胁。

有些产业结构的改变需要花费数年时间，而有些似乎就是一眨眼的工夫。正如美国前国务卿康多莉扎·赖斯（Condoleezza Rice）所言，用回溯的眼光去理解变革的时间框架和必然性要比用前瞻性视角容易很多。一方面，对变化反应过快和过于激进可能会使公司过早地适应新兴技术，并有可能造成时间和资源的浪费，而这些时间和资源本可以用来应对更为紧迫的挑战。另一方面，如果无法理解挑战的紧迫性，可能致使企业举步维艰，从此一蹶不振。虽然许多行业还未感受到增材制造的影响，但短短几个月内，它就彻底颠覆了助听器行业。增材制造助听器利用激光扫描法来绘制患者的耳朵，相较于传统方法，其生产速度更快，质量更高。对这些变化迅速做出反应并加以充分利用的公司能够蓬勃发展，而反应过于迟钝的公司则会每况愈下。

跨职能团队的 3 大战略优势

传统的层级结构面临一个艰巨挑战，即要弄清楚公司应对哪些挑战和机遇做出反应，对哪些可以不予理会。自上而下的决策文化通过对管理者施加巨大压力使其一次次做出正确的战略决策。即使管理者能够做到，其过程也是异常艰辛的。相反，更加卓有成效的方法或许是通过培养跨职能团队实现自下而上的决策。

较之传统的等级分明的官僚化组织结构，组建得当的跨职能团队具有 3 大战略优势。

- **优势 1：相较于官僚化组织结构，跨职能团队行动更为迅速，其决策过程无须烦琐的审批手续和社会化流程，而这在大公司中很常见。** 由于团队由公司内部不同职能的人组成，公司内的沟通和社交会速度更快，也更具持久性。这些团队可以在合理范围内采取他们认为合适的行动来应对数字化挑战。通过"开放日"会议，团队成员经常彼此分享想法，分享成果，并共商如何应对挑战。

- **优势 2：不同的团队可以同时分头应对不同的举措，并做出不同的选择。**管理者无须决定要应对哪些数字化挑战，只需决定，在特定时间内应该实施哪些应对措施。有些团队在直面迫在眉睫的战略挑战时，会获得大量的资源，而有些团队的任务是应对潜在挑战，他们需要不断探索应对措施，以备不时之需。

- **优势 3：跨职能团队还鼓励员工转变思维模式。**因为团队成员来自不同的学科背景，为了应对共同的挑战，他们会提供不同的观点和专业知识。房地美的副总裁克里斯蒂娜·哈尔贝施塔特表示："人们一直关注业务能力的培养，但仅限于特定的业务领域。除非具有跨职能视角，否则无法要求人们转变思维模式。"

大约 80% 的数字化成熟中公司利用跨职能团队来组织工作，并实施数字化业务中优先级更高的事项，而在初始阶段公司中，这一比例为 20%～30%（见图 12-1）。此外，前一类公司中的受访者认为公司的组织结构并非成功道路上的障碍。跨职能团队似乎可以帮助公司克服数字化转型面临的最大障碍。许多人都很熟悉亚马逊的"两个比萨原则"，该原则是由亚马逊首席执行官杰夫·贝佐斯（Jeff Bezos）制定的，即如果两个比萨不能喂饱一个团队，那么这个团队就太大了。

汽车零售商车美仕（CarMax）极其依赖跨职能团队。其首席信息官沙米姆·穆罕默德（Shamim Mohammad）说道，团队"被赋予了权力，因为领导团队从来不会告诉他们如何解决问题，而是告诉他们问题是什么，以及要达到的关键绩效指标（KPI）是什么"。该方法加大了反馈力度，加快了研发的速度，并通过反复试验，最终得出对客户和合作伙伴最有利的解决方案。车美仕还发现，团队面对风险时更为明智，在实现目标的方式上更具创造力。如果你不具备如此完备的团队，那么请认真审视一下，你是否为成功的数字化转型做好了准备。

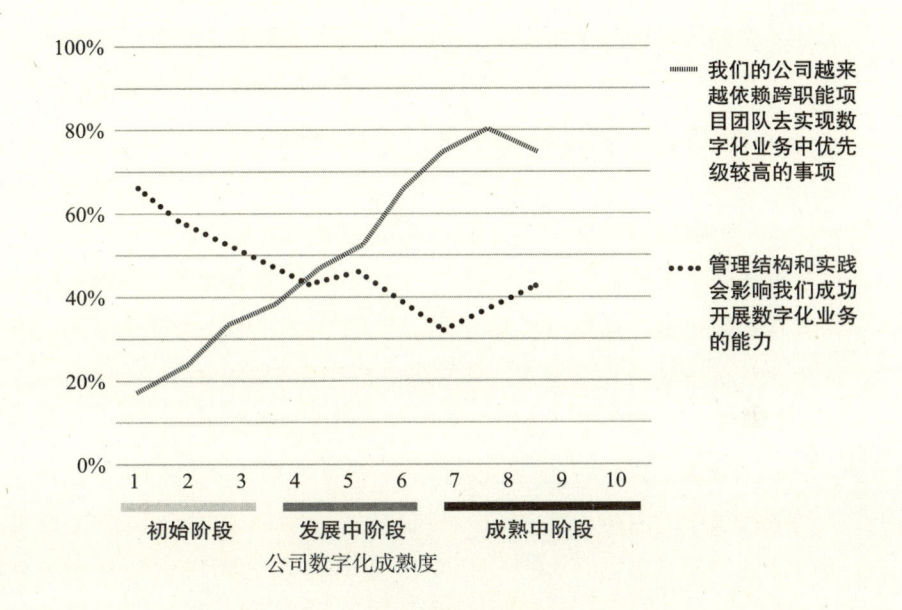

图 12-1　公司组织结构和数字化成熟度

注：71% 的成熟中公司认为其跨职能化程度越来越高。

对数字化成熟中阶段的公司采用跨职能团队的原因，受访者说法不一。在某种程度上，组建这种团队的源动力在于技术，因为技术改变了工作方式。如果团队成员来自同一职能领域，那么团队就无法为公司探索战略选择。哈雷戴维森公司（Harley-Davidson）的戴夫·科特利尔（Dave Cotteleer）说道："由于工作流程更一体化了，所以不能将各职能孤立开来。整合和合作的机会无处不在，这有助于提升效能和效率。"例如，科特利尔指出，网联汽车的设计和制造需要经过严格的跨职能的途径。"这不仅关乎产品设计，"他说，"还关乎软件设计、系统集成和传统产品设计流程之外的要素。公司各个职能部门现在都已经意识到，过去属于他们的领域现在已经被技术占领。"

数字化转型实践　DIGITAL TRANSFORMATION CASE

万豪：组建跨职能团队，全面提升客户入住体验

万豪前数字化业务高级副总裁乔治·科尔宾（George Corbin）试用了一些同行业的应用程序，他发现，从技术层面上来说，这些应用程序运行良好，但其服务却不尽如人意，比如在他抵达酒店时入住手续尚未办理完毕，预订的晚餐也不见踪影。

他说，这次经历让他意识到一个重要事实："我们可以创建世界上最好的网站，我们可以开展有效的营销活动来接近客户。但如果我们无法提供愉快的入住体验，客户将会一去不返。"

为了提升客户的入住体验，科尔宾开始与同行展开密切的业务合作。据他回忆，他与他们在一起的时间比与自己的团队在一起的时间还要多。科尔宾充分利用运营知识，并且能够调动线下团队来确保万豪的应用程序信守承诺。

跨职能团队已经成为永久配置。这家全球酒店的各个职能部门现在拥有相同的绩效指标，包括运营效率和成本等。不仅仅是数字化部门，几乎每个职能部门都有数字化方面的专业人士。"每个职能部门均实行计分卡制，齐心协力解决问题，"他说，"公司对此非常重视。很多绩效指标都会直接汇报给首席执行官。"

赋予团队行动权

19世纪普鲁士陆军元帅赫尔穆特·冯·毛奇（Helmuth von Moltke the Elder）指出："在与敌军主力的第一次交锋中，任何行动计划都远远不够。"同样，敏捷性意味着团队能够调整方法以适应不断变化的环境。但如果不具备一定程度的自主权，跨职能团队将无法实现敏捷。尽管对于高级管理层来说，把握竞争环境的脉搏至关重要，但必须给予这些跨职能团队一定程度的自主权，以使其根据环境调整计划。

一些数字化团队并未采取战略行动，其中一个原因在于，公司并未对其授权。许多公司的战略仅限于董事会成员和高管层知晓，普通员工对公司宏伟的战略愿景一无所知，也无法采取行动，而数字化成熟中阶段的公司则努力将决策权下移。朱利安·伯金肖（Julian Birkinshaw）在他发表在《麻省理工学院斯隆管理评论》上的文章《何谓敏捷》（What to Expect from Agile）中讲到了从荷兰国际集团（ING Group）的敏捷之旅中汲取的5条经验：

- **经验1：决定你愿意放弃多少**。敏捷式方法将权力从高管转至公司内他人手中，这并非易事。高管们必须决定，自己愿意放弃多少控制权。

- **经验2：使利益相关者做好应对剧变的准备**。敏捷式是一种全然不同的工作方法，你必须让员工做好应对变化的准备。

- **经验3：围绕客户构建组织结构，并保持其流动性**。这种转变不只是关注客户需求，还要基于客户需求重组公司。

- **经验4：对员工进行适当的监督，也要给予其自主权**。高层仍需实施监管，只是方式要有所改变。可能需要反复试验才能找到平衡点。

- **经验 5：为员工提供发展和成长的机会。**敏捷式方法存在一个风险，即员工可能过于以任务为导向，而忽略了自身技能的培养。有效指导对于员工的持续发展至关重要。

我们询问受访者，公司是否将决策权下放至公司较低级别，其回答表明，数字化成熟中阶段的公司和不够成熟的公司间差异巨大。来自数字化成熟中阶段公司的受访者中，54% 的人认为公司是这样做的，20% 的人持反对意见。相比之下，初始阶段公司中，只有 22% 的受访者认同这一说法，而 54% 的人表示不认同（见图 12-2）。

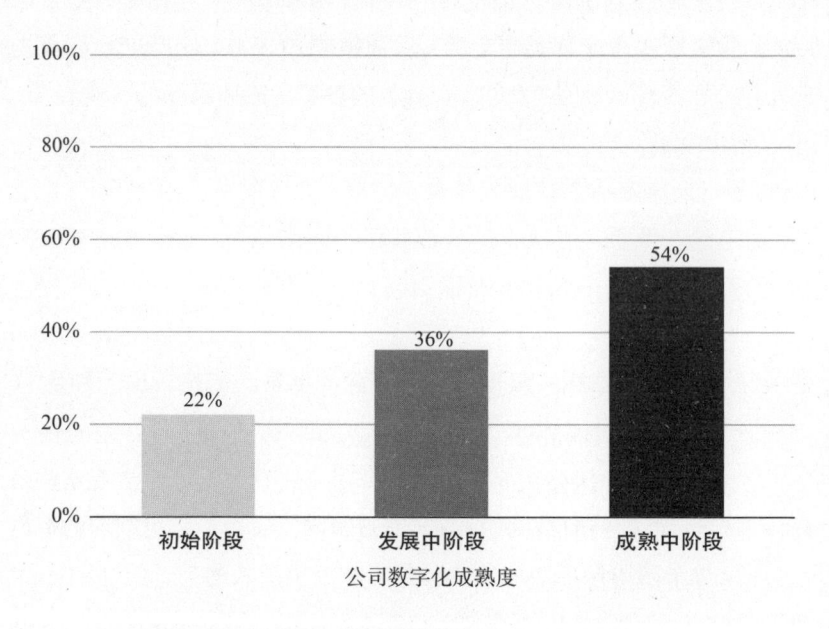

图 12-2　认为公司将决策权下放的受访者比例

在这种环境下进行管理需要许可、赋能和赋权，使员工在不受直接监督的情况下采取战略行动。还需要对这些员工进行公司战略目标的教育，以及制定"参与规则"来指导员工的行动。最后，还要求高管们学习新的管理和领导方法。公司面临的迫在眉睫的问题是，高管们是否有勇气让技术改变公司的工作方式，以及是否有信心调整自己的领导风格。

模块化有助于公司适应变化

哈佛商学院威廉·怀特（William L. White）工商管理教授卡丽斯·鲍德温指出，跨职能团队是一种组织的模块化。她认为，组织机构的设计实际上是为了适应当今的主导技术。由于允许不同领域以不同的速度发展，技术模块化使计算机技术以更快的速度进行创新，因此，组织模块化有助于公司更快地做出反应。根据工作需要，跨职能团队的成员可以随时调换，或随时调整成员的任务。团队致力于特定的项目，拥有一定程度的自主权，一旦达成目标，或团队目标与公司目标有出入时，可以调整目标或进行人员调换。

模块化组织看似与所谓的扁平组织有天壤之别，后者出现在互联网时代早期，层级相对较少。组织理论家卡尔·韦克（Karl E. Weick）对紧密耦合型公司和松散耦合型公司进行了区分。紧密耦合型公司指的是有一系列清晰政策和流程的传统公司，这些政策和流程通过各种反馈和奖励机制得以强化。相比之下，松散耦合型公司将决策权力下移，以便更好地处理实际情况。主管领导负责传达公司的战略目标，而一线领导对如何实现这些目标担负部分责任。这些公司仍存在严格的层级制度，但这些层级制度的运作方式与现代企业有所区别。

开拓随需随聘的人才市场

模块化的一个重要方面是根据需求快速可靠地寻找人才的能力。公司需要考虑的问题是，如何以不同于管理传统员工的方式来管理流动性很强的专门人才。在第 1 章中，我们注意到，斯坦福大学的助理教授梅利莎·瓦伦丁构想了一个围绕核心－外围模型构建起来的公司，该模型由一小群核心员工和外围临时员工团队组成。接受我们访谈的一位高管指出："公司将会有更强的流动性，很多事情越发模棱两可，对速度的要求也会提高。公司需要有能力在任何时间召集员工的领导者，这些员工以目标为导向，不受任务或职能部门的限制。"

公司首先需要与随需应变的人才市场展开合作，或者自发开拓这种人才市场，这些市场可跨公司网络寻找和整合人才，以便在需要时灵活地提供专业帮助。人才市场可以通过一些平台进行维护，这些平台能够监控、评估和支持随需应变的合同工人才库。有些公司不愿承认可以在更广阔的市场中找到所需的人才，反而可能自行开拓和管理由员工和自由职业者组成的随需应变的人才市场。**若想确保自己能获得所需的各类技能，公司应将随需应变的人才市场视为战略资源，并为人才库的长期健康发展投资。**人才可能来来去去，但随需应变的人才市场却需要用长远的眼光去培育和维护。

人才市场中的一些人可能是公司的全职员工，而其他人可能是兼职员工或合同工。一般而言，人才市场主要管理兼职自由职业者，但一些公司也开始尝试将这些市场作为平台，根据需要为全职员工分配项目。例如，Work Market（最近被 ADP 公司收购）已经为各个公司建立了专门的人才库，其中包括全职员工和兼职自由职业者。全职员工构成了稳定的员工群体，而兼职合同工更能灵活地应对需求的变化。对一些随需应变的合同工而言，成为全职员工是他们持续培养自己技能的强大动力。然而，许多不从事全职工作的人拥有一身宝贵技能（例如，兼职的学生、年幼孩子的父母，以及处于或接近退休年龄的人）。总部位于马萨诸塞州沃尔瑟姆（Waltham）的众包网站 InnoCentive 就发现，他们网站上最具价值和最稳定的投稿人是那些拥有专业技能的退休员工。

许多公司将合同工视为二等公民，但想要吸引优秀人才的公司千万不能这样做。那些拥有宝贵技能的随需应变的人才可以选择任何项目或任何一家公司。为了确保得到最优秀的人才，公司应该创设良好的环境和激励机制，如此一来，随需应变的合同工将会被视为公司战略目标不可或缺的贡献者。提供良好的工作体验和优越的环境，让他们参与有趣的项目，有接触不同团队的机会，均有助于提升他们的参与度。

对核心员工进行重新思考

越发依赖人才市场的公司也需要重新思考那些组建和领导模块化团队的员工的性质和角色。核心员工不限于全职员工。公司对这些人进行投资，目的在于让他们确立和引导公司的长期战略方向。虽然核心员工也需要与其他核心员工共事，但慢慢地，他们会将工作交由随需应变的人才去做，这要求核心员工具备特定的管理技能。分配高效与否，取决于是否知道如何获取关键技能，如何组建团队并使其走上正轨快速运转，以及如何有效地使用决策支持系统来达成目标。这些技能有助于实现公司敏捷性，也有助于创建协作环境，后者也是数字化成熟中公司的典型特征。

核心员工，即使是那些级别相对较低的员工，也应该有一定程度的战略自主权，以达成指定目标或为其做出贡献。接受我们调查的受访者认为，战略思维是领导者和员工的必备技能之一，而分散式领导力是数字化成熟中公司的一个关键性文化要素。显而易见，获得更大的自主权就要求与高层领导进行更多沟通，并且要加深对公司战略方向的认识。

数字化成熟中阶段的公司与其他公司的一大区别在于，它们有意培养、维护和提高员工参与度的方式是不同的，这绝非偶然。要想使核心员工长期专注于工作，仅靠发薪水是不够的。要想让员工留在公司并做出贡献，许多人认为，他们需要感觉到公司愿意在他们身上投资，并愿意不断提供有助于他们成长的机会。例如，明尼苏达矿业及机器制造公司（3M）通过在新员工身上投资以赢得其对公司的忠诚。该公司首席执行官英奇·图林（Inge Thulin）表示，截至 2025 年，公司计划将所有员工都纳入一个庞大的员工发展计划。工作一段时间后，核心员工可能也需要新的机会来提升自身技能。在传统的领导力发展计划中，只有被选中的员工才可以在职业生涯的某个时间点参与发展计划，而现在公司打算制订不同于以往的全新的发展计划，鼓励核心员工不断更新自己的技能，以跟上世界千变万化的步伐。

数字化转型实践　DIGITAL TRANSFORMATION CASE

Flash 团队：集专业性、包容性和自主性为一体的创新团队

强调多功能团队和自下而上的领导方式看似失去了专业性，但梅利莎·瓦伦丁认为事实并非如此。她说："人们因专业化而富有价值。"同时，专业化也能为他们提供新的发展机会。作为管理科学与工程领域的助理教授，瓦伦丁的研究主要集中在众包和 Flash 团队上，后者是一个相对较新的概念，具有适应性和灵活性极强的

特点，可以替代传统的工作流程和岗位。

Flash 团队是由众包专家组成的计算指导团队，由轻量级、可复制和可扩展的团队结构支撑。它们经由网络平台建立，该平台负责聚集和管理员工。员工遵循结构化的工作流程，每项任务及员工间的互动方式都已事先规定。例如："一名出现在 Flash 团队会议上的后端开发人员可以在不被很多双眼睛盯着的情况下完成数据结构工作。"她说。他们的专业知识有助于增强他们"对这种发展的深刻认识"。

瓦伦丁认为，只要人们不局限于某个小众市场，他们就可以利用自己的背景创造新的商业价值。Flash 团队靠着自主性和对新结果的包容性走上了蓬勃发展的道路。她说，这种团队尤其适合创新项目，"比如设计原型、进行试验或打造新事物等"。

不仅要迅速迭代方法，还要转变工作方式

正如伯金肖和其他人所言，敏捷不仅指迅速迭代的方法，还指工作方式的转变。他的文章得出了以下结论："荷兰国际集团的经验提醒我们，推行新做法要比提出建议困难得多。难怪新型管理方法在新建公司中的实施效果更好，因为在老牌公司中，员工（尤其是领导，此处特意提及）的期望和习惯已根深蒂固。"

章末总结

已知事实	应对策略

• 公司需要敏捷地应对数字化环境的变化和变化的速度。
 	
• 公司可将敏捷软件开发方法的价值和原则视为数字化转型的一种途径：
 	
  1. 个体和互动重于流程和工具。
  2. 可用软件重于详尽的文档。
  3. 客户协作重于合同谈判。
  4. 应对变化重于遵守计划。
 	
• 敏捷式方法看重细微却富有意义的改进，可以是短期（6～8周）冲刺，也可以是就正式的项目报告进行的持续性的面对面交流。
 	
• 数字化成熟中阶段的公司往往依赖于跨职能团队，这些团队需要在官僚作风较弱的环境中行动和运作。
	• 审视一下，当下你是如何实施与敏捷价值和原则相关的数字化转型举措的。找出最大差距。
	
	• 选择一两个现有的或正在计划中的可用作敏捷方法实施的数字化举措。对主要成员进行敏捷方法的培训，推行学习试点，重点在于了解如何才能广泛推行敏捷方法。确定敏捷试行方案中还需要哪些基础设施和流程方面的变革。
	
	• 评估试行方案的结果，并重复这一过程。

13

有意识的协作：
力量、平衡、勇气与常识

THE TECHNOLOGY FALLACY

想象一下，在团建比赛中，你和同事需要通过站在彼此的肩膀上搭建一座高达 10 层的人塔，以最快的速度搭建和拆卸人塔的队伍将会获胜。如果你去过加泰罗尼亚（Catalonia），你可能目睹过这种比赛，"身着红色服装的队员一层叠一层搭建起一个摇晃的人塔，最底层的男子背部宽厚，却在重压之下汗如雨下、颤颤巍巍，直至小姑娘爬到塔顶，举起象征胜利的手臂。这一幕看起来可怕，但参与者，或叫'塔人'，却是无所畏惧，并因此深感自豪，因为叠人塔是加泰罗尼亚文化的核心"。

加泰罗尼亚搭建人塔的传统，或称"叠人塔"（castells，在加泰罗尼亚语中意为城堡），可以追溯至 18 世纪。"直至所有队员成功爬到指定位置，封顶者（最顶层的人，通常是小孩子）举起一只手并竖起代表加泰罗尼亚区旗条纹的 4 只手指，人塔才算搭建成功。"这一传统在 20 世纪 80 年代颇为流行，并于 2010 年入选联合国教科文组织"人类非物质文化遗产代表作名录"，至此，该传统被推向了巅峰。联合国教科文组织描述了叠人塔的过程，还讲到了"叠人塔的知识在某个群体内代代相传，而且这种知识只能通过实践获得"。

如果你想看看现实生活中的叠人塔，在 YouTube 上搜索该词即可找到

13 有意识的协作：力量、平衡、勇气与常识

好几十个视频。毫无疑问，卸塔要比叠塔更骇人。塔人的座右铭是"力量、平衡、勇气与常识"。在遭遇技术颠覆的世界中，加泰罗尼亚叠人塔的传统及其座右铭可能是数字化成熟中阶段的公司所需的协作者和协作精神的完美象征。

前一章中我们讨论敏捷性时讲过，数字化成熟中阶段的公司的层级更少，其组织形式更依赖跨职能团队，并会将更多决策权下放至公司内较低级别，如此一来，决策速度更快，决策也会更明智。这些元素的整合需要更高的协作水平。正如我们在第 11 章中所指出的，数字化成熟中阶段公司的一个显著文化特征是它们更具协作性，而且是有意为之的。在数字化初始阶段的公司中，只有大约 30% 的受访者认为其公司具有协作性，而在数字化成熟中阶段的公司中，有近 90% 的受访者持此观点。

为何需要协作

为什么要协作呢？受访者给出的原因颇为有趣。我们以为，是否会加大协作力度，主要取决于工作性质，但根据受访者的回答，工作性质以及有利于协作的新工具和新技术的出现均为推动因素。换言之，人们会以全新的、截然不同的方式展开协作，既是出于工作需要，也是因为他们现在拥有了可以提高工作效率的工具。成熟中阶段的公司将这些想法付诸实践，而且更有可能采用更先进的协作工具（而非依赖电子邮件）。在数字化成熟中阶段的公司中，超过 70% 的受访者表示，他们正在使用或开始使用先进的协作工具，而在初始阶段的公司中，只有不到 40% 的受访者这样认为（见图 13-1）。

数字化时代的工作性质决定了公司要加大开展跨职能工作的力度，要更

加敏捷，而且要反复试验。加强协作是显而易见的应对方式。如果加以有效利用，数字化平台不仅能促进协作，还能改变人们协作和相处的方式。出乎意料的是，虽然更高级的平台具有潜在的协作优势，但公司决定采用这些工具进行内部沟通的速度却异常缓慢。毕竟，发展中国家的大部分人于5～10年前就开始使用Facebook和领英了，但这些技术中嵌入的许多协作功能现在才开始通过Slack、Jive，以及Salesforce等平台进入企业。

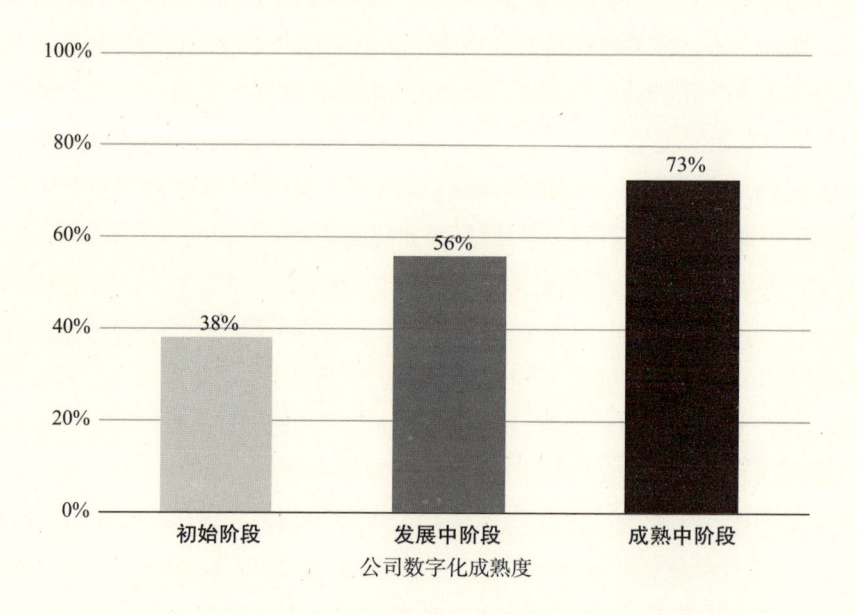

图 13-1 认为公司正在或开始使用先进的协作工具的受访者比例

数字化协作工具有助于团队进行更加高效且有效的沟通。具体来讲，为了提高协作水平和加强有意合作，平台在企业模式下提供了两大功能，即管理社交网络和共享内容。

管理社交网络，做出更明智的决策

说到管理社交网络，社交媒体平台为员工提供了与他人进行联系的新功能，这是他们过去无法获得的。一系列研究表明，员工在公司社交网络中所处的位置对个人工作表现有着重要影响。例如，如果在社交网络中占据结构洞位置（即可连接无关联人群的位置），则在获取信息、时间，以及信息查阅方面具有天然优势。然而，员工如何知道他们是否占据了结构洞位置呢？研究还表明，大多数人对他们所处的社交网络结构的理解有限；人际互动和人际关系无固定模式，有时甚至不被察觉。

数字化平台提供了透明化的社交网络，这是现实世界和电子邮件网络所不能及的。通过数字化平台，用户可以一览他人的社会关系。例如，Facebook 会自动识别共同好友；领英会告诉你找到目标联系人的最短和最佳路径。用户瞥一眼就能知道自己有多少联系人，而其他潜在联系人又有多少联系人，其他人与哪些人保持联系也是一览无余。为了与心仪之人建立联系，用户可以规划出最短路径。通过了解更广阔的社交网络的特点，他们可以做出更明智的决策，以提升自己在其中的地位；反过来，由于地位的提高，他们的业绩也得到了提升。

由于数字化平台具有透明性，管理者还可借其一览企业社交网络全局，了解员工间的互动情况。该视角可为管理者了解公司运行情况提供宝贵见解。1982 年的畅销书《追求卓越》(*In Search of Excellence*) 对比尔·休利特（Bill Hewlett）和戴维·帕卡德（David Packard）的"现场巡视管理法"大加推广，我们在第 9 章中已有提及。网络可视化工具可以让管理者无须离开办公桌就能"四处走动"，当然，我们认为离开办公桌和"四处走动"缺一不可。这些工具就像一个高清镜头，能一窥公司的运作方式，观察公司如何随时间流逝发生变革，以及改善网络结构的干预措施是否有效。

"社会计量学"是心理治疗师雅各布·莫雷诺（Jacob Moreno）提出的一个术语，用来描述对各种关系和社会结构的研究和测量，也可以用来测量群体以及群体中个人的行为和状况。例如，分析公司Humanyze帮助公司管理者利用社会计量数据了解员工行为，并对公司进行变革，这些数据是员工借助现有数字化平台或自定义员工特征生成的。管理者会监控沟通模式的变化，从而判断公司变革是否达到预期效果。例如，Humanyze发现，改变餐厅桌子的大小可以提升员工间的交流效率，而同步员工的休息时间也具有类似效果。

Humanyze的首席执行官本·瓦贝尔（Ben Waber）指出了现有的4种不同水平的社会计量能力，尽管它们只是刚刚被提出，还并不成熟：

- 你需要分析某个决策的效果，包括该决策实施前后的影响。
- 有意设计一套干预方案，其中包括试验组和对照组。
- 同时测试多项内容。
- 对你所做的每一项"人事决策"进行检验。

尽管瓦贝尔说过，"在任何一家公司，目前最长久有效的都是单项测试"，但他的这一体系表明，在这一方面还有更多可能性。

我们的研究表明，员工对利用社会计量学来提高绩效持开放态度，有90%的受访者表示愿意这样做，这真是出乎意料。瓦贝尔的经验与员工开放的态度不谋而合。员工可以看到自己的数据，"从本质上讲，这就像是记录你职业生涯的Fitbit记录器。你可以将自己与团队的平均水平进行比较。而且不只是与平均水平比较。假设我是一名销售员，如果我想出类拔萃，那么，我知道公司里最好的销售人员是怎么做的吗？我与他们最大的差距在哪里？"社会计量学可以将这类信息提供给员工，如此一来，他们可以通过调整自身行为提高绩效。

超级推动者，数字化内容的透明化和持久性

除了管理网络，数字化平台还支持以不同的方式来共享内容和进行互动。高级协作平台具有两大特性，即内容的透明化和持久性。电子邮件通常是有目的地发送给特定个人或群体的，且前提是发送方知道接收方对哪一类信息感兴趣。而在其他协作平台上，公司中的其他人能够实时（透明）或稍晚一些（持久）看到发送的内容。因此，即使这些邮件并非是发送给他们的，其他人也可以通过在平台搜索某些主题或信息成为潜在收件人，并找到自己需要的信息。

透明化是指他人也可以共享正常互动的信息，并从中受益。在 Twitter、Facebook、领英和聊天群组 Slack 等平台很常见的所谓消息推送使得人们能够监控在平台上某一特定群体内部或人们就某一话题发生的所有互动。通过浏览这些信息源、了解人们谈论的话题和他们的兴趣点，员工对同事的专业知识有了更深入的了解，并能获取这些知识，以备不时之需。

持久性是指允许他人延时使用这些信息。在第 11 章中提到的巴斯夫案例中，他们的团队发现，如果项目团队使用数字化平台展开协作，新成员会更容易迅速跟进。尽管某些成员可能已经离队，但他们的谈话、决定、意见和反馈记录会留给新成员。新成员可以充分利用这些信息，在之前的基础上更好地开展工作，无须重新来过。

仅有内容的透明化和持久性是不够的。**只有投入实际使用，内容对公司来说才具有价值**。例如，我们对某制造公司企业协作平台的应用情况展开了研究。尽管该平台看似非常成功，每天都有内容更新，但数据反映出的真实情况却大相径庭。许多人发布的内容数量远超其消费内容的数量。其中有一组员工，我们称之为"超级推动者"，他们以"个人品牌"的名义发布了大

量内容，但发布内容的数量是其实际消费内容数量的 35 倍。事实上，平台上真正的协作大多发生在私人群体间，因为公共空间的内容过于繁多，且经常被借作他用。

数字化转型实践 DIGITAL TRANSFORMATION CASE

发现金融服务公司：搜集元知识的过程本身就是学习过程

内容的透明化和持久性都有助于增强公司的交互记忆。交互记忆指的是人们对公司中谁知道什么相当了解，以便在需要时能够获取这些知识。惠普公司前首席执行官指出，如果"惠普知道自己懂些什么的话，生产率将会提高 3 倍"。交互记忆是一种衡量公司中个体对彼此了解程度的方法，它与公司的表现呈正相关。先进的协作平台提高了管理社交网络和共享数字化内容的能力，这样便有助于增强公司的交互记忆，而这一点是电子邮件无法做到的。

就美国发现金融服务公司的员工如何使用社交媒体平台 Jive 进行沟通，加州大学圣巴巴拉分校的保罗·莱奥纳尔迪展开了研究。公司内发生的所有沟通，Jive 都会推送消息。该公司想知道这些工具是否以及如何有助于沟通，还想知道如何让员工使用这些工具。莱奥纳尔迪面向员工做了一项调查，即在使用 Jive 前以及使用约 6 个月后，公司中谁知道什么，谁又认识谁。这些问题测试的是员工的交互记忆。之前的研究已经表明，在必要时，交互记忆对从公司内获取必要的知识至关重要。

莱奥纳尔迪发现，从使用 Jive 前到使用 6 个月后，员工甄别部门中谁知道什么的准确率提高了 30%。同时，他们在辨别谁认识谁方面的准确率提高了 88%。然而，当他问员工是否通过 Jive 学到了什么时，他们却表示一无所获。"没有，我什么都没学到。"

所以，先进的协作平台在用于交流和协作时也会产生一个悖论。人们通过意识的觉醒和主动审视环境学到很多东西，但他们并不知道自己搜集到的什么东西将来会有用。这与我们以往常常通过谷歌搜索或电子邮件等工具来获取知识的方式截然不同。遇到问题时，我们通常会去检索，以寻找解决方案，因此，我们寻找的是能满足即时需求的东西。

但这些人的做法与我们有天壤之别。他们逐渐了解到自己的同事懂什么、认识什么人，并将这些元知识加以储备，以备日后使用。如此一来，他们便没有意识到这实际上是个学习过程。

有意识的协作，构建一个良性循环的"回音室"

然而，为了协作而协作意义不大，无意识的协作通常也收效甚微。一些研究表明，如果缺乏明确的意图，在数字化平台进行的合作可能也是无效的。例如，人们通常希望与自己最相似的人（一种被称为"同质性"的特征）及拥有共同社会关系的人（一种被称为"平衡"的网络特征）进行互动。与志趣相投者交往令人身心愉悦，但这往往会导致偏见更深，有效决策更少。当一个人和与自己观点相似、圈子相同的人建立联系时，他并不能从这些新关系中获得以前无法获得的新见解或不同观点。事实上，这种关系好比建造了一个"回音室"，在这里，人们对自己的观点和决策越发自以为是，这就可能会对个人和公司的业绩造成不良影响。

心理学家欧文·贾尼斯（Irving Janis）指出，在他称之为"群体思维"（groupthink）的现象中，自然产生的合作倾向也是会出现问题的。他指出，在某些情况下，群体往往会做出错误的集体决定，例如，结构不良的同质群体就会如此。事实上，这类团队做出的决策往往比团队成员的个人决策更加糟糕。但有趣的是，人们对此趋之若鹜，而且更先进的协作平台可能也会无意中助长这种趋势。

詹姆斯·索罗维基（James Surowecki）在《群体的智慧》（*The Wisdom of Crowds*）一书中对贾尼斯的群体思维原理进行了逆向研究，目的是确定在何种条件下，群体可以齐心协力做出比个人更明智的决策。这些条件包括：

- 群体内存在各种不同观点。
- 团队成员独立决策。
- 权力分散，有助于个人利用自己所掌握的局部认知进行判断。
- 有适当的机制，可用来汇总个人意见，以便做出决策。

虽然新的协作工具可使协作更富有成效，但只有在意图明确、观点多样、独立决策和分散沟通的条件下才能实现。值得一提的是，只有公司具有多样性，才能实现协作工具的多样化。在索罗维基的模式中，协作平台只是"协作－汇总"这一等式的一个方面。如果不努力开发其他方面，新平台也很容易沦为群体思维的阵地。

麻省理工学院斯隆管理学院的汤姆·马隆（Tom Malone）教授将这一现象称为"集体智慧"（collective intelligence）。他将集体智慧定义为"一群个体以看似智慧的方式集体行动"。马隆及其团队将计算机纳入了协作体系。

他们提出了一个关键性研究问题:"如何将人和计算机连接起来,使其首开先河,展开比任何个人、团体或计算机都更为聪明睿智的共同行动?"所以,有意合作是为了实现集体智慧,即人们借助技术展开合作,做出远胜任何独立决策的决定。

绩效是其次

然而,一些研究人员发现,协作带来的工具性利益往往位居其次,且只有当公司利用平台加强内部关系和企业文化之后才会产生。他们的研究表明,公司首先需要通过平台培养员工的忠诚度、自豪感、归属感和工作乐趣,然后才能实现公司追求的绩效以及其他合作利益。数字化平台可以使公司领导者更加人性化,使员工因成就得到认可,在员工和主要利益相关者间建立更深层次的联系,并能使公司所有成员于工作中适度地享受轻松快乐。有些公司还未开发社会资本就急着追求绩效,它们最终收获的只是一个昂贵却未正确使用的平台,结果也乏善可陈。有些公司首先利用平台增强员工的群体意识,这一做法往往会给它们带来更优的绩效。

换言之,协作平台只是工具,它们并不能自动修复脆弱的关系或者糟糕的企业文化。事实上,它们可以放大一个公司的文化,不管它是积极向上的还是消极悲观的。平台会让好的文化更好,坏的文化更糟。若想从这些工具中获取最大价值,就要有的放矢地去了解公司和人际的动态,利用这些工具去培养和建立预期中的群体、关系和工作模式。我们对大多数公司面临的协作障碍展开了调查,而这些发现与我们的研究不谋而合。

我们问受访者在公司协作时面临的最大障碍是什么,这是一个开放式问题,他们可以自由回答。鉴于我们在本书中已经讲了这么多,他们的回答已不足为奇。根据受访者的回答，最大的障碍存在于公司的组织结构方面，文化、壁垒、时间、部门碎片化、不愿改变及领导力等答案均位居前列（见图13-2）。仅凭协作工具，这些问题得以解决的可能性并不大，但如果能有意识地使用协作平台，这些问题通常可以得到解决或缓解。

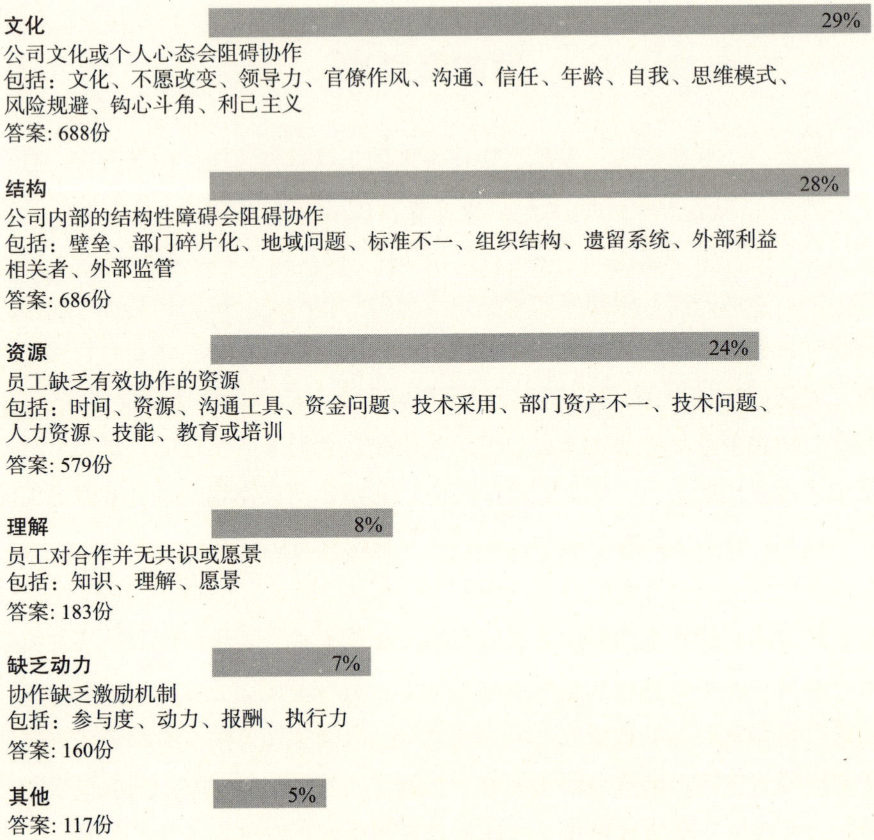

文化 29%
公司文化或个人心态会阻碍协作
包括：文化、不愿改变、领导力、官僚作风、沟通、信任、年龄、自我、思维模式、风险规避、钩心斗角、利己主义
答案：688份

结构 28%
公司内部的结构性障碍会阻碍协作
包括：壁垒、部门碎片化、地域问题、标准不一、组织结构、遗留系统、外部利益相关者、外部监管
答案：686份

资源 24%
员工缺乏有效协作的资源
包括：时间、资源、沟通工具、资金问题、技术采用、部门资产不一、技术问题、人力资源、技能、教育或培训
答案：579份

理解 8%
员工对合作并无共识或愿景
包括：知识、理解、愿景
答案：183份

缺乏动力 7%
协作缺乏激励机制
包括：参与度、动力、报酬、执行力
答案：160份

其他 5%
答案：117份

图 13-2　阻碍有效协作的首要组织结构因素

注：由于四舍五入，百分比总和不等于100%。

开展企业外协作，转变工作方式

许多数字化成熟中阶段的公司也在考虑开展跨公司边界的协作，例如与客户及合作伙伴合作，甚至是与竞争对手协作，这也是令人分外惊诧的。相较于初始阶段的公司，数字化成熟中阶段的公司更有可能鼓励各方开展协作。公司内外信息的民主化是当今合作的基础。因此，我们发现，协作不仅意味着跨越壁垒实现公司内部协作，事实上，也意味着跨公司边界开展协作。

例如，研发公司MITRE之所以建立自己的协作平台，就是因为它希望将外部合作伙伴吸纳进来。员工可以邀请商业伙伴加入该平台，这就有力地促进了公司与外部合作伙伴间的沟通。当所有合作伙伴加入平台时，他们可以从互相合作中受益。MITRE发现，为合作伙伴牵线搭桥对公司大有裨益。当不同的商业伙伴面临相似的问题时，MITRE可以通过共享平台将其连接起来，从而为公司带来额外收益。

与竞争对手进行合作似乎颇为怪异，当然，即便是在日趋成熟的数字化公司中，这种情况也实属罕见。然而，有些公司发现，与竞争对手合作大有裨益，尤其是需要设计尚且无人掌握的尖端技术的应用程序时。谈到这类合作关系时，我们从高管那里听到的理由是，目前大家对该技术都缺乏了解，还达不到相互竞争的程度。与竞争对手的合作有利于小公司建立产品标准，从而能够与更强悍的竞争对手抗衡。即便是大公司，也不会处处争强好胜，因此，在非竞争性领域展开合作能达成互利共赢的局面。例如，在企业社交媒体发展的早期，一位高管说道，他会定期与不同公司中相似部门的同事碰面。当被问及为何要与这些竞争对手会面时，他回答道："我们目前都处于探索阶段，尚未做好相互竞争的准备。"员工参加各种会议，目的是分享和学习其他领域的优秀做法，同样，他们也可就数字化转型展开协作。

此处传达的关键信息并非是每个人都需要走出去，与竞争对手展开合作，而是公司可能需要考虑不囿于公司内部，开展更广泛的协作。我们现在拥有的技术基础设施足够支持这种协作，管理者可以考虑一下，新的协作能否帮助他们转变工作方式。

数字化转型实践　DIGITAL TRANSFORMATION CASE

卡地纳健康集团：开展跨职能工作，保持支持型文化

卡地纳健康集团是一家全球性综合保健服务和产品公司，它于2014年新成立了一个"融合"（Fuse）创新中心，目的是加强公司文化。融合团队在位于俄亥俄州都柏林市公司总部3千米外，开展跨职能工作是团队的重心。

卡地纳健康集团成立融合创新实验室是为了将医生、患者、药剂师和供应商联系在一起。这些圈内合作伙伴与卡地纳健康的创新人员合作，深入了解问题，制订解决方案，并进行试验。卡地纳健康融合创新中心商业技术高级副总裁兼首席技术官布伦特·施图茨回忆说，最近，他在实验室里看到一位身着手术服的卡地纳健康集团的开发人员，该开发人员正在跟着当地一家医院的临床医生学习。施图茨说道："创新中心不仅要引进人才，还要让他们走出去，多观察多学习。我们和客户一起推行试验，还举行了长达一周的创新和设计会议。"

跨职能团队的成员包括卡地纳健康的工程师和创意设计师，他们和科学家一道，与药店的客户、医疗保健提供者和其他圈内参与者展开合作。客户和员工不时提出想法，并使用敏捷式一周冲刺法加以筛选和测试。创新中心有时可被视作与整个公司并无多大关联的前哨站。卡地纳健康集团的领导层对此给予持续不断的支持，这有助于融合创新中心的举措成功融入公司整体。"高层领导提出了成立融合创新中心的想法，对其给予大力支持并展开广泛讨论，"施图茨说道，"如果没有这些，我不确定公司的其他人，甚至客户会不会支持我们，并且参与其中。"

施图茨强调，保持（而非仅仅构建）支持型文化至关重要。对协作给予大力支持是一项更艰巨的挑战。合适的人才对协作至关重要。谈及招聘以及如何构建支持型文化，施图茨看重的是以下特质：共情能力、解决问题的能力、好奇心和适应能力。正如他所言："我们聘用的不一定是最聪明的人，而是能够成为团队成员、在解决重大问题时富有真正的热情和能量的人。"

建造公司的"数字化塔"

本章伊始，我们讲述了加泰罗尼亚叠人塔的故事。几十位男性和女性参与者齐心协力搭建起高达10层的人塔。对叠人塔团队而言，意图明确的合作与实践是成功的关键。与叠人塔不同的是，面临数字化颠覆的公司可以利用技术来建造数字化版的人塔。在遭遇技术颠覆的世界中，意图明确的合作与实践对于公司成功地走向数字化成熟至关重要。在公司的组织结构图中，以实线表示的层级结构将继续减少，公司看起来越发像一个对等网络。仅仅通过权威获得的权力几乎不复存在。相反，影响力和说服力成为获得支持和完成任务的关键。

无论是在公司内部还是外部，协作平台在帮助个人建立更有目的性的联系，以及使平台内容获得更广泛的访问方面都大有作用。但各个级别的领导者在使用这些工具时必须具备明确的意图，从而帮助公司培养"谁懂什么"的意识，并提高公司的集体智商。如同叠人塔一样，公司的"数字化塔"也需要力量、平衡、勇气与常识。

13 有意识的协作：力量、平衡、勇气与常识

| 章末总结

已知事实	应对策略

• 参与有意识的协作是数字化成熟中阶段公司的一个关键特征。
 	
• 数字化平台通过提供两大功能改变协作方式：
 	
  1. 管理社交网络。
  2. 共享数字化内容。
 	
• 协作的益处包括：
 	
  1. 交互记忆。
  2. 集体智慧（更明智的决策）。
	• 选择满足你需要的协作平台，将移动功能纳入选择标准。
	
	• 创建一般性交流和协作小组，以及为某项工作或特殊主题创建专门小组。
	
	• 对协作平台的使用加以引导。为了防止偏见并从集体智慧中获益，在群体中创造以下条件：
	
	  1. 允许存在多种观点。
	  2. 监管群体思维，允许独立决策。
	  3. 分散式沟通。
	  4. 建立方便表达和汇总个人意见的适当机制，以便做出决策。
	
	• 领导者应该参与平台的使用，并做出贡献。
	
	• 选择"协作拥护者"，他们能提供动力和协助，从而帮助其他人有效地使用协作平台。
	
	• 考虑建立一个卓越协作中心，以提供源源不断的动力，加大使用力度和关注度。
	
	• 将对话渠道从电子邮件转移至协作平台。

14

快速试验,快速学习,快速推广

THE TECHNOLOGY FALLACY

"快一点失败"是创新者和企业家的口头禅。各类文章、博客和书籍都在吹嘘"快一点失败、早一点失败和经常性失败"的重要性。硅谷引领的时代潮流就是快速成型和发布最小可行性产品,迅速发现缺陷并加以纠正,并将失败奉为成功之母。在这个世界上,我们喜欢那些能成为关键转折点的失败,因为它能反过来重塑组织,使其与几纳秒前截然不同。问题在于,传统组织中的准数字化创新者如何才能成功地运用这一概念,尤其是在那些以减少或消除失败为目的的组织中?这便是本章的重点。

这得从我们的研究背景说起。相较于数字化成熟度低的公司,数字化成熟中阶段的公司更善于创新,这不足为奇。我们询问受访者,与竞争对手相比,他们的公司是如何进行创新的。初始阶段的公司中,只有约20%的受访者称自己的公司具有创新能力,而在数字化成熟中阶段的公司中,这一比例接近90%。这种创新并非偶然。受访者表示,数字化成熟中阶段的公司更有可能在创新方面投资。87%来自数字化成熟中阶段公司的受访者表示,他们会为创新投资,而在初始阶段公司中,只有38%的受访者表示他们会这么做。但创新不仅关乎做一些创新之事,还关乎如何培养有利于创新的公司环境。创新是指对新思想持开放态度,无论这些思想源自何处。来自数字化成熟中阶段公司的受访者对于在公司各层面分享和检验新想法持鼓励态度,持

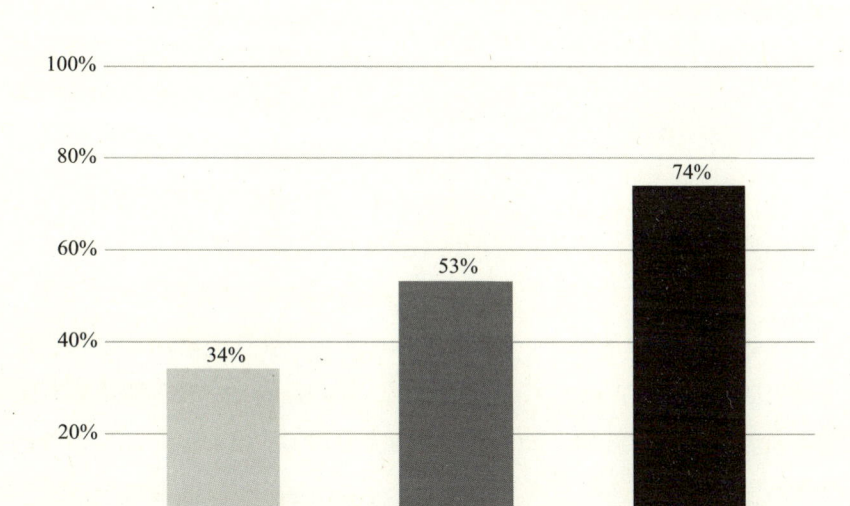

这一态度的人数可能是初始阶段公司受访者的 2 倍多（见图 14-1）。

图 14-1　认为公司鼓励在各层面分享和检验新想法的受访者比例

　　创新也指将这些想法付诸行动的意愿，这一点更为重要。当员工被问及公司管理者是否鼓励他们利用技术进行创新时，他们答案的分布与上一个问题如出一辙。初始阶段的公司中，表示认同的比例约为 20%，而在数字化成熟中阶段的公司中，这一比例超过了 80%。理论上，大多数公司的领导者都认为，在千变万化的环境中，创新是企业成功的关键，而在实践中，由于大多数公司并非诞生于数字化时代，创新使其头疼不已，原因有二：

- **原因 1**：经过长期的发展，大多数传统公司的文化已经缺乏或者丧失了变化。这些变化对于试验不可或缺，而试验反过来又能推动创新。

- **原因 2**：领导者发现，在确保公司核心业务高效运行的同时进行创新可谓困难重重。

传统公司为扼杀试验而生

我们询问受访者，影响公司在数字化环境中进行强有力竞争的最大挑战是什么（受访者只能选择其中一个选项，见图 14-2）。遥遥领先的答案是"推行试验（让员工承担风险）"。有趣的是，在不同成熟度级别的公司中，该答案都位居榜首，且拥有大致相同的比例。即使是那些在创新方面领先竞争对手一步的公司，也认为"推行试验（让员工承担风险）"是他们面临的最大挑战。

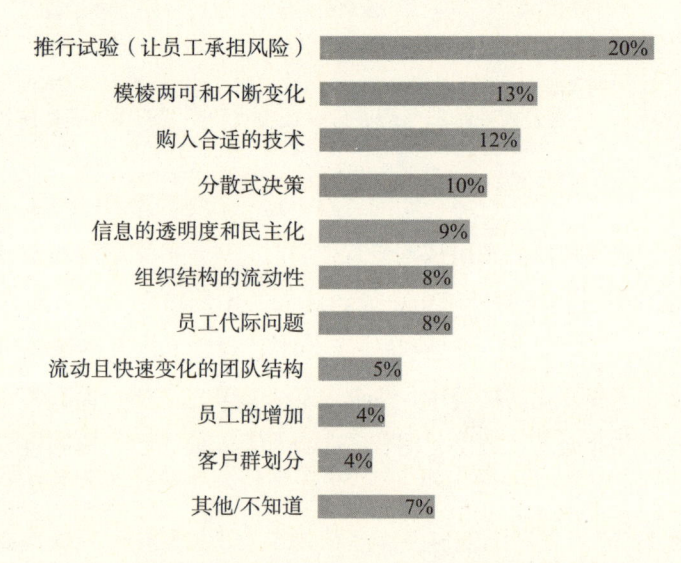

挑战	比例
推行试验（让员工承担风险）	20%
模棱两可和不断变化	13%
购入合适的技术	12%
分散式决策	10%
信息的透明度和民主化	9%
组织结构的流动性	8%
员工代际问题	8%
流动且快速变化的团队结构	5%
员工的增加	4%
客户群划分	4%
其他/不知道	7%

图 14-2　影响公司在数字化环境中进行强有力竞争的最大挑战

注：各种数字化成熟度的公司，其结果呈现出一致性。

为什么在大多数公司中推行试验如此困难？很简单，过去50年间，大多数公司奉行优化效率和运营差异最小化宗旨，但推行试验却与这一宗旨背道而驰。我们能看到，传统公司对推行试验颇为抵触，原因在于他们惧怕失败。澳新银行负责数字化银行业务的集团高管迈莱·卡内基说道，一些新兴的数字化企业在"追求目标"的"每一天"都遭遇了失败，但"他们依然感到舒适自在"，这真是鼓舞人心。他们的舒适自在"始于敢于承担自身使命的胆量与见识"，而在许多老牌公司中，"对失败的恐惧"深植于公司文化。

她继续讲道："像谷歌这样的公司，其目标就是真正地改变世界。谷歌始终牢记这个崇高而又难以实现的使命。如果将其与许多传统公司进行比较，你会发现，后者的使命不仅容易实现，而且具有渐进式的特点。由此显而易见的是，如果你试图争取的东西具有渐进式的特点，你会如愿以偿，但成果往往也是微乎其微，而且也不会立竿见影。"正如我们在第1章中所讨论的，若想消除差异，其中一个方法是借助六西格玛。20世纪80年代，摩托罗拉公司首创该概念；20世纪90年代，通用电气公司的杰克·韦尔奇（Jack Welch）对其大加倡导。六西格玛有一个明确的目标，即将制造过程中的所有差异和缺陷降至百万分之三点四。在拥有始终如一的目标和恒定不变的条件的制造业中，这种致力于降低差异的做法不失为一种有效战略。然而，想要达到这种精度水平，公司只能优化某些浅显易懂的条件。因此，通用电气致力于开发"快速决策"项目，我们在第1章中已讨论过。

在动荡不安的环境中，开展业务的条件可谓千变万化，努力减少差异的做法也可能收效甚微。虽说该做法有助于甄别新业务流程及发现新商机，但可能还有一个意想不到的结果，即公司可能无法实现上述益处，因为所有的优化都是围绕着旧条件进行的。很多时候，敢于试验的文化就是在当前工作过程中有意地制造差异，看看是否有更佳的工作方法。

当然，谷歌与大多数公司截然不同。他们提供的服务有助于他们推行这种试验，他们拥有的丰富资源也能助其一臂之力。然而，此处的核心要义只有一点，即如果公司想看得更远，推行试验必不可少。

数字化转型实践　DIGITAL TRANSFORMATION CASE

谷歌：推行试验，迅速变革

谷歌新闻部副总裁理查德·金格拉斯（Richard Gingras）对数字化颠覆和数字化转型颇有经验。他是数字化新闻领域的开拓者，是 Salon.com 的开创者，也亲历了新闻行业的数字化颠覆时期。他为谷歌的移动页面加速项目（AMP）立下了汗马功劳，提高了互联网在移动时代的适用性。

成功应对数字化颠覆的一个重要方法是推行试验。他说："产品开发的方法中最根本的是迅速变革和推行试验。我们的团队中，没有一个不是基于用户群进行了几次到几十次的试验。我们所做的不过就是不断重复，再重复，以及推行试验。"

在大多数传统公司中，推行试验是一项艰巨的挑战，因为他们并不具备试验思维。金格拉斯继续说道："此事难度不小，这是因为长期形成的企业文化不一定鼓励创新或试验。大多数公司会选择规避风险。正如我所言，如果回顾企业文化的历史，呃，你会发现无外乎就是如何保持一致、增加利润率和消除风险。"

即使传统公司确实进行了创新，目光也相当短浅，它们只会将自己与那些同样绕着风险走的竞争对手进行比较。他说："创新不是看竞争对手在做什么，而是你认为 5 年后的自己能做什么。如果只是根据竞争对手来定位自己，你只能在自己尝试做的事情上得到 10 倍的改进，只会趋向于做一些不断递增的事。你并未真正替自己的未来着想。"

问题在于，传统公司以成败论试验。应该看看你从某项试验中学到了什么，而非它是否大获成功。如果公司从中未学得任何东西，即使成功了，这项试验也毫无价值。金格拉斯总结道："试验成功与否其实并不重要，重要的是从中学到了什么，无论好的坏的，或是一般般的，都能提升公司智慧。也许事情不尽如我们所愿，但我们学会了 X、Y，还有 Z，如果我们发现自己最初的假设是错误的，我们也不会为其感到羞耻。我们尝试过，也有所学，不存在失败一说。"

快速试验，小规模试验，充分试验

许多公司因试验苦恼不已，主要原因在于，他们已经习惯相信失败是厄运。如果公司对失败的容忍度以六西格玛标准衡量的话，大多数员工对试验感到紧张也就不足为奇了。别做梦了，成功的试验不可能只有百万分之三点四的失败率。在数字化时代，公司如何应对挫折决定了其生存能力。新挑战已经成为常态，我们面临太多未知以及未经检验的东西，所以失败在所难免。因此，公司想要成为更优秀的试验者，关键在于更好地检验想法，并从中学习，如果该试验启示颇丰，那就需要迅速推广。创新者和企业家想要创造鼓励失败、认为失败也能卓有成效的环境，他们将"快一点失败"作为口头禅，而这一口号可能会遭到某些公司的质疑，这些公司一旦发现失败的迹象，就必定要将其斩草除根。更容易的做法是，公司专注于培养"试验和学习"心态，而非"快一点失败"心态。

针对"快速试验"有一个好办法，即为试验设定固定的短期时间表。推行试验的公司经常会进行短期冲刺（如 6～8 周计划），在此期间，他们会尝试改变公司的某个方面。在冲刺的最后，试验宣告结束，并判定成败。这种既定的时间框架为管理者提供了决策点，他们能较为容易地决定是要终止试验还是改变重点，不会允许收效甚微的项目继续拖延下去，而这种情况在许多公司司空见惯。除"快速试验"外，还有一点也很重要，即"小规模试验"。公司可不希望一个价值数十亿美元的信息技术实施项目遭遇失败，最后只学到了一些深刻的教训。因此，公司必须确保自己已具备试验和学习所需的良好条件，确保你进行的是小规模试验，哪怕失败了，危害不至于过大，不妨碍你从中学习和继续推进。

最后一点是"充分试验"。公司应该像对待投资组合一样管理风险，并将失败率保持在特定的耐受水平内。适当的失败率是 10% 还是 90% 呢？这两种说法我们从不同公司的不同领导者那里都有所耳闻，但务必要找到公司的"舒适区"（Goldilocks Zone）进行试验。然而，管理者也应谨记一点，失败不够多意味着胆子不够大。例如，美国农业部的一个部门为数字化项目设定了风险承受阈值。如果失败次数不够，那他们就会增加失败的可能性。许多人不认为政府会是一个寻求创新实践的地方，但我们认为，允许充分试验的环境对组织机构而言好处多多。

加速学习：知道为什么行不通才能知道什么行得通

尽管"失败"一词仍有负面含义，但人们对它的看法已经开始发生转变。即便如此，所有关于公司需要"快一点失败"的说法都只强调了速度，弱化了其中的学习层面。**"快一点失败"这一观点强调的不只是迅速地失败以及转变想法，而是说必须从失败中吸取教训，这样的失败才是值得的**。仅知道"A行不通，所以我们试试B"是不够的，弄清楚为什么A行不通才有助于我们吸取教训，才有助于公司从中学习。

科学家会告诉你，他们通过试验来验证假设和想法，通过证明或反驳假设来获取知识。同样，公司应该抱着学习的目的进行试验。从这个角度看，了解或深入了解哪些做法成效不佳以及哪里可以做得更好时，试验（连同失败）具有非凡的意义。关键在于，不要纠结于挫折，而是要从中吸取教训并继续前进。正如爱迪生所言："我没有失败。我只是发现了10 000种行不通的方法而已。"事实上，我们的数据表明，相较于成熟度较低的公司，数字化成熟中阶段的公司更喜欢从试验中学习（见图14-3）。在初始阶段公司中，只有21%的受访者认为，他们的领导者会以建设性的方式分享失败的试验结果，从而促进整个公司的学习，而在数字化成熟中阶段的公司中，56%的受访者同意上述观点。

我们由此得到的启示是，你也应该从成功的项目中学习。如果你不明白为什么某个试验能大获成功，那么，你也不会知道是否应该以及如何将成功的经验用于其他项目或场合。**了解成功的原因和成功本身一样重要**。成功并非短期目标，但学习是。学习对于数字化人才至关重要，同理，它也应该成为公司的关键要素。

公司层面的学习过程可以有多种表现形式。对有些人来说，可以是提交正式的事后报告，或者参加会议汇报试验结果，并从中汲取教训；对另一些人来说，可能是参加全体会议，由项目团队展示当下的结果，从其他团队成员处听取反馈，也可能只是让非团队成员的员工参与进来，在协作平台上检查团队的电子数据，产出观点或信息，从而充实项目；对其余一部分人来说，可能会涉及拆分团队，将成员纳入新的团队，并以新的方式重组员工知识。简言之，公司从成败中学习的方式多种多样，但我们敢肯定的是，如果你不能清楚识别公司以何种方式有目的地进行学习，那么这种学习就算不上是一种学习。关键在于清楚地识别并有意识地参与学习过程，帮助公司从经验中学习。

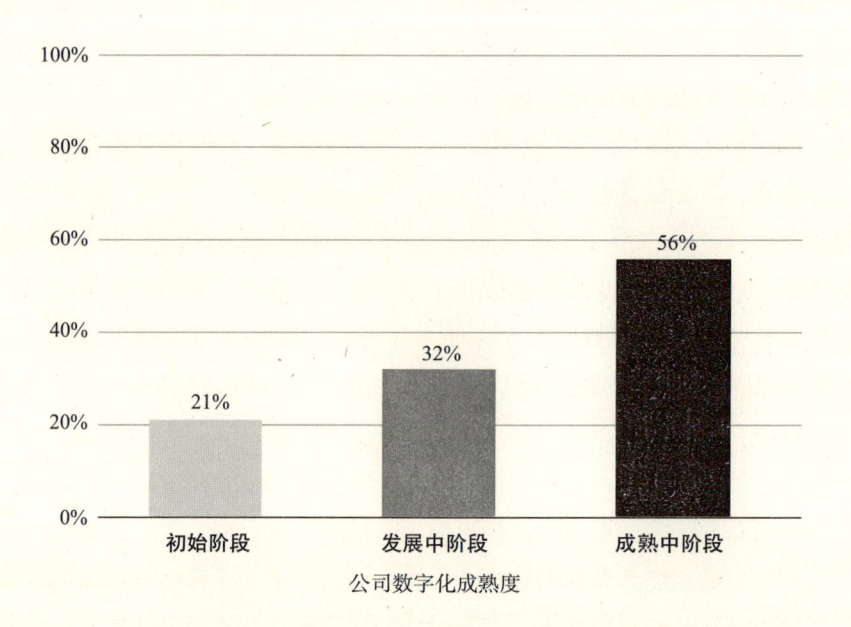

图 14-3 认为公司领导者会以建设性的方式分享失败的试验结果的受访者比例

迭代，迭代，再迭代

科学家提醒过我们，经验不是凭空产生的。相反，从一轮试验中学到的东西应该对公司在下一轮创新中要进行的试验产生影响。试验和失败涉及的项目不应漫无目标和毫无关联，而应该有明确的总体目标。在这个数字化时代，机器学习和以美国第一资本金融公司（Capital One，以下简称第一资本）为先驱代表的人工智能孕育了大量良机，因此这一点变得尤为重要。例如，借助机器学习，第一资本根据用户的线上会议表现，为网站上的每个用户实时定制内容。扎卡里·哈尼夫（Zachary Hanif）帮助第一资本建立了卓越的机器学习中心，以确保第一资本能够大规模地利用机器学习。哈尼夫说："拥有具备卓越再现性的追踪平台意义非凡，它可以全面追踪新模型的每次迭代，以确保能准确有效地利用结果。"

创新更多的是营造一种在公司各个层面发展新思想的环境，因此，反馈和学习的精神应该渗透至各个层面。就这一点而言，初始阶段公司和成熟中公司间有着天壤之别。初始阶段公司中，只有34%的受访者表示，为了转变工作方式，他们的公司鼓励反馈和迭代，而在数字化成熟中阶段的公司中，76%的受访者持相同观点。迭代包含从之前的试验中吸取经验教训，并将这些知识运用到下一组试验中。从试验中得到的教训也可能是元层面的，会影响试验过程。

就公司内反馈和迭代的程度，有些受访者意见相左。认同"公司鼓励反馈和迭代，以此学习转变工作方式"这一点的高管占比，明显高于公司内职级较低的员工（见图14-4）。54%～79%的高管表示，他们正在利用反馈和迭代来转变工作方式（首席执行官或总裁占比最多），但只有38%～51%的职级较低的员工表示认同。

这些结果可能意味着，迭代正在更高级别层面发生，普通员工尚未察觉，或者更可能的是，这些做法对工作的影响并不如高管认为的那么大。

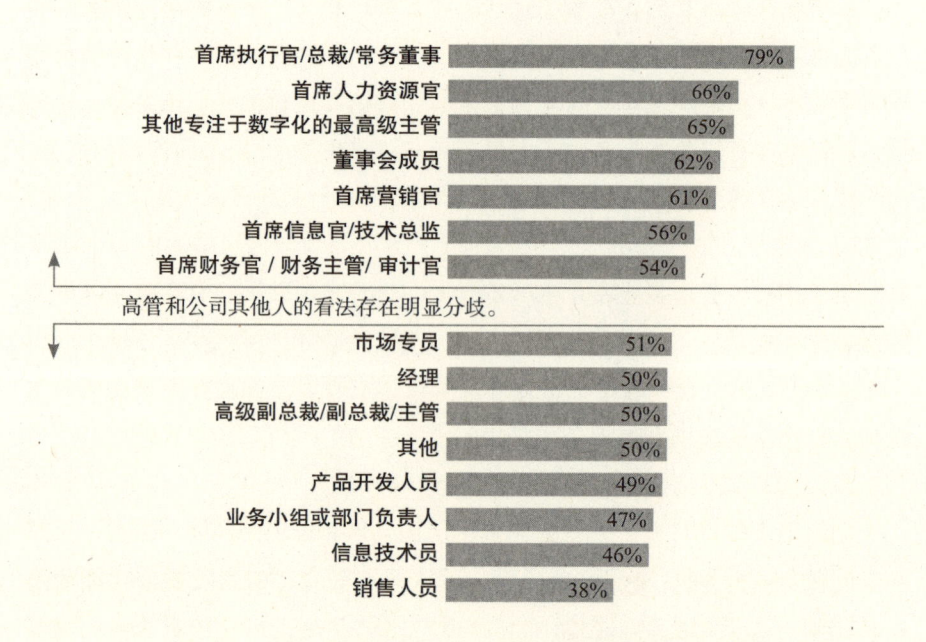

职级	比例
首席执行官/总裁/常务董事	79%
首席人力资源官	66%
其他专注于数字化的最高级主管	65%
董事会成员	62%
首席营销官	61%
首席信息官/技术总监	56%
首席财务官/财务主管/审计官	54%
高管和公司其他人的看法存在明显分歧。	
市场专员	51%
经理	50%
高级副总裁/副总裁/主管	50%
其他	50%
产品开发人员	49%
业务小组或部门负责人	47%
信息技术员	46%
销售人员	38%

图 14-4　认为公司鼓励反馈和迭代的各职级受访者比例

快速推广

"快一点失败"这一方法的另一风险在于，公司只满足于推行试验，认为这就是在直面风险。然而，如果数字化举措未能触及核心业务，就谈不上风险。而且，大量研究表明，除非公司从根本上改变商业模式，否则创新对商业几乎没有实质性影响，为了试验而试验的意义不大。

德勤领先创新中心的约翰·哈格尔指出，这种脱节现象在许多公司中都很常见。公司可能会努力创新，但这些创新通常不会影响其业务。

  硅谷的每家大公司都有自己的创新实验室。我开玩笑说，我在街上走来走去，发现世界上每一家大公司都在这里设有一个前哨站。他们总是以这些创新实验室为例，证明自己真的在采纳某项技术，并在利用它做一些非常有创意的事情。但是，到目前为止，它只是一个前哨站，对核心业务影响甚微。

  这些前哨站和核心业务之间达成了一项秘密协议，即我们可以给你提供资金、空间、资源和人力，你可以在沙盒里做任何你想做的事，只要记住一件事：永远，永远不要触及核心，一旦这样做了就是自断生路。那都是一些通情达理又清醒理智的人，对游戏规则心知肚明。

我们的研究表明，数字化成熟中阶段的公司区别于其他公司的一个关键在于，他们能进一步推进试验。我们发现，数字化成熟中阶段公司推行试验的可能性是初始阶段公司的3倍多，他们还会在整个公司推广试验，不会把这些举措局限在小型的独立实验里（见图14-5）。数字化成熟中阶段的公司推广成功举措的可能性是数字化发展中阶段公司的近2倍。

事实上，数字化成熟中阶段公司与其他成熟度公司在创新过程中的关键区别并不在于其推行试验及从中学习的良好能力，更重要的区别在于，它们愿意从成功或失败的试验中吸取教训，并将其推广至整个公司，以推动商业模式的转型。

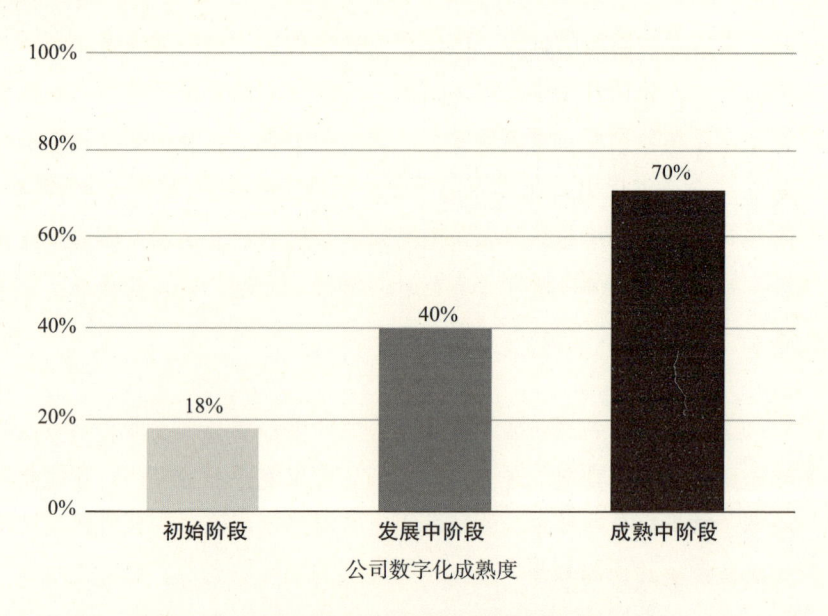

图 14-5　认为公司会推广成功举措的受访者比例

学会在飞行中换翼

企业在创新方面困难重重，还有一个原因是，它们舍不得将一切抛在身后，将注意力转移到新技术的学习和试验上。他们要保证自己的创新方式能使核心业务正常运行，同时还要对核心业务产生积极的影响。贝丝·伊斯雷尔女执事医疗中心的首席信息官约翰·哈拉姆卡认为，这就等同于在飞行途中修理飞机。他说："如同你在飞行途中被要求更换波音747的机翼，成为当下环境中的数字化领导者真的很难。要求你做到绝对安全，绝对可靠，绝对稳定，同时还要锐意创新。我很好奇，谁会想要担任这种角色？或者可能需要重塑这个角色。将任务（分配）给多个不同的人，这样他们就能应对变化的速度和随之而来的压力。"

数字化成熟中阶段的公司一边保证业务运行，一边通过数字化创新找到了创新的方法。公司开始推行更多试验，于是它们需要平衡试验和有效利用间的关系，这对公司而言也是额外的压力。詹姆斯·马奇在一篇关于公司学习的基础性论文中指出，在公司学习中，平衡探索和利用的关系至关重要。公司需要通过探索和试验找到经营的新方法，同时，公司还要维持可行业务并利用现有能力。奥赖利和图什曼将能达到这种平衡的公司称为"二元性组织"。

思科的詹姆斯·麦考利也认同这种需求，他指出："任何大公司，任何一家成功的大公司，面对数字化转型时的一个重大挑战是，在扩展新业务的同时还需要维持现有业务。某些情况下，两者之间可能会存在分歧。这是所有大公司在创新和积极颠覆自己的过程中必须应对的事情。"

我们的调查数据也支持麦考利的观点。我们发现，数字化成熟中阶段的公司进行试验的可能性不一定比初始阶段的公司更大，但就在探索新能力和利用现有能力的需求间寻求平衡而言，成熟中阶段的公司有着更佳表现。我们询问公司，它们的数字化举措目的何在，初始阶段的公司认为目的完全是或主要是利用公司现有能力的可能性比其他阶段的公司要高出3倍以上。

数字化转型实践　DIGITAL TRANSFORMATION CASE

沃尔沃：在平衡各种矛盾中实现数字化创新

在研究网联汽车的战略时，沃尔沃的管理团队提出了一个有助于跳出生产时间"赋予汽车生命"的愿景。新技术将改善终端用户的体验，并开辟新的收入来源。汽车的网联化脱离了传统的汽车周期计划，有助于加快变革的步伐。这使公司有机会与外部创新生态系统合作，并与消费电子产品的发展保持同步。通过开放的应用程序接口让外部开发人员了解汽车，以此利用网联化，这么做也可以将汽车行业的功能多样性水平推向新高度。比如说，利用这种应用程序接口，可以将移动电话作为汽车的动态前端。

为了推出一款网联汽车，需要在创新、管理和合作伙伴关系管理方面做出各种改变。若想实现向数字化运营的转变，高管们要从不同角度思考自己的产品。他们不仅需要对汽车进行升级，还需要创造一个可供他人创新的平台。他们需要全新的创新流程，以在公司内搭建平台，从而鼓励公司外部的人为这个平台进行开发。相较于沃尔沃与传统合作伙伴的合作（一般是通过现金业务），针对这些新型的外部合作伙伴，还需要提供更加灵活的合同签订方式。例如，沃尔沃并未向 Spotify 或 Pandora 支付为平台开发应用程序的费用，这种新型合同关系旨在鼓励共创价值，这也是双方的一致追求。

此外，他们的数字化战略面临一大挑战，即在保证现有业务运行的同时还需要进行创新。例如，当沃尔沃的高管针对网联汽车制订计划时，不仅会带来技术方面的重大变革，也会引发各个业务领域的变革，这是他们之前从未考虑过的。他们需要平衡各种矛盾，比如创新数字化实践与已有的有关创新能力的业务流程之间、流程与产品重心之间、内部与外部创新之间，以及灵活性与控制性之间的各种矛盾。正因沃尔沃在这些矛盾中间有效地找到了平衡，其数字化创新才大获成功。

发挥创造力，在资金方面寻找创新

大公司也要意识到，遇到问题就往里砸钱并非解决之道。从这个角度讲，缺钱实际上还可能是个优势。贝丝·伊斯雷尔女执事医疗中心的约翰·哈拉姆卡说："资金不足对你是好事，你会被逼得斗志昂扬。这也是公司文化的重要组成部分。"虽然他在一家市值 50 亿美元的公司工作，但该公司在信息技术方面的预算只占总额的 1.9%，这使他不得不"保持紧张感并不断锐意创新"。《大西洋月刊》的金伯莉·劳描述了中型企业中的一个普遍现象："一旦认准了，就要全神贯注。但选择时须谨慎，因为资源非常有限。"因此，当务之急是"快马加鞭，极速前进，因为总有需要这些资源的地方"。

持久战中面临一个艰巨挑战，即需要在关注现有业务的同时，寻找资源来推进新举措。许多公司在寻找投资的过程中使出浑身解数，也经历了各种磨砺。例如，万豪国际集团前数字化业务部高级副总裁乔治·科尔宾表示，公司最重要的一部分创新在于其融资的模式。"找到能通过自我融资获得成长机会的方式是至关重要的，"他说，"如果做到了这一点，数字化机会就能自力更生，并持续推广下去。"

面临数字化转型的挑战时，公司不能只是投入大量资金，但这并不意味着资金问题不构成重大挑战。我们询问受访者，投入资金支持数字化举措是不是一项重大挑战，是否会影响到公司的数字化工作，65% 的受访者认为，这的确是一项重大挑战；18% 的人持反对意见；17% 的人既不同意也不反对。在不同数字化成熟度的公司中，这些数字相对一致。那么，企业该如何解决资金问题呢？一些公司通过在公司内设立风险投资基金来资助内部创新，其他公司则利用从上一轮数字化创新中获得的回报进行再投资，以激励新一轮的创新。无论采用何种方式，对于该如何为数字化创新融资，领导者都需要深思熟虑，即使这需要他们发挥各种创造力。

双圈创新，创新的创新

1977年，哈佛大学教授克里斯·阿吉里斯（Chris Argyris）提出了"双圈学习"概念，指公司不仅需要学习，而且需要开发新的学习方式。我们可以将这一概念拓展为双圈创新。若想在数字化环境下的竞争中获胜，可能需要创造新的创新方式，这涉及公司的方方面面。以上都表明，我们要有目的地、严谨地进行数字化创新。多年前，在"数字化颠覆"一词还未进入词典前，管理学大师彼得·德鲁克为《哈佛商业评论》撰写了一篇关于创新的文章。虽然时代背景已经发生了翻天覆地的变化，但他的建议依然有醍醐灌顶之效："若想进行卓有成效的创新，必须做到简单和突出重点，心无旁骛地专注于一件事，否则人们会感到云里雾里。有效创新始于小事，不能华而不实。毕竟，**创新需要历尽艰辛、心无旁骛以及目标明确**。如果无法做到孜孜不倦、坚持不懈和全力投入，天赋、才智和知识都将失去用武之地。"

章末总结

已知事实	应对策略
<ul><li>在千变万化的数字化时代，创新是生存的关键。</li><li>冒险、试验和失败都是实现创新的要素。</li><li>大多成立于20世纪的公司都对效率和生产力进行了优化，旨在消除差异、减少试验，以及追求风险最小化。</li><li>公司需要学习如何推行有可能失败的试行方案。不是为了失败，而是快速学习和适应。</li></ul>	<ul><li>评估公司的风险偏好，并确定哪些方面存在障碍。确定哪些风险和安全策略是不容商议的，哪些是可以灵活调整的。让你的客户了解选定的风险和安全策略。</li><li>在进行风险试验之前，明确指导原则，进行沟通，确定哪些风险可以接受，哪些不能接受。</li><li>针对大多数试验，可以设定固定的短期时间表，比如进行短期冲刺，或制订6～8周计划，在每个周期结束时进行评估。</li><li>面向值得信赖的客户小群体和/或利益相关者发布最小可行性产品，以获得反馈。明确学习反馈循环过程，有的放矢。关键是要避免对学习毫无帮助的临时迭代。将学习和反馈运用到下一阶段，继续迭代循环。</li><li>就试验方法与选定的客户进行沟通，并请其参与到选定的迭代试验中，明确指导原则及方法，并进行沟通（例如，哪些失败不可接受，哪些失败可以接受，构建后续版本的原则及方法）。</li></ul>

15

4个阶段、23种数字化
DNA，绘制成数字化
组织的行动路线图

THE TECHNOLOGY FALLACY

言已至此，我们希望你已经确信，是时候让你的公司迈出数字化成熟的第一步了。因此，本章的目标是为你的勇往直前提供切实可行的指导。在这一部分，我们借鉴了许多源自试验过程、有意协作和迭代的经验教训，看看公司如何采纳这些经验并将其付诸实践。

提高数字化成熟度的3个步骤

脚踏实地迈向数字化成熟，并最终成为数字化公司的过程包括3个不同的步骤。你的目标是重新构想一下，公司该以什么方式开展工作，如何与工作之未来保持一致，以及如何为培育数字化成熟中阶段的公司奠定基础。

第1步，评估。为了明确公司未来的走向，你首先需要了解公司数字化成熟度的现状。本书中，我们常将数字化成熟度视作公司层面的特征进行讨论，但实际上，数字化成熟度在整个公司中的分布并不均衡。某些部门、团队或流程的数字化成熟度或多或少会更高一些。我们在第3章中提到过，向某公司的管理团队展示我们的研究结果时，团队成员往往对公司的数字化成熟度持不同看法，这主要是因为他们在公司中的位置不同。

俗话说的盲人摸象，根据触摸位置的不同，盲人会将大象描述为蛇、树干、墙或者绳子。同理，由于你体验的领域不同，公司的数字化成熟度看起来可能会有明显差异。对公司数字化成熟度的评估还包括了解其在公司中的分布情况。本章将为你评估数字化成熟度在公司中的分布情况提供有力工具。

第2步，启动。在这一步中，你需要确定，公司在当下应该达到什么样的数字化成熟度。为了确定哪些领域具备了实现数字化成熟的转型条件，公司可以采取两种不同的策略。于公司而言，第一种策略是明确数字化优势，并将其继续用于当前的转型。对于许多方面已经达到数字化成熟并正在努力发扬现有优势的先进公司而言，该方法大有裨益。第二种策略是逆向思维，它对传统公司更为友好。如何使公司变得更加成熟并不是问题所在，问题在于：你可以采取哪些措施来避免数字化方面的不成熟？评估公司的整体数字化成熟度时，需要去看最不成熟的领域，而不是去看数字化成熟平均水平，因为这些瓶颈问题可能会阻碍整个公司的发展。

无论采取哪种策略，从哪些领域开始转型的决策都应该服从于成本效益分析。你应该想想：如果对公司的这个领域进行变革，将会支出多少财务成本和行政费用？转型成功的益处何在？你肯定愿意选择那个能为你的时间、精力和资源投资带来最大回报的领域。

第3步，成熟。这一步需要决定公司如何在目标领域实现改进，切实地走向数字化成熟。在这一步中，牢记从本书前面章节中所学的知识至关重要。你肯定不愿采取通过周密策划、在全公司范围内缜密实施、试图一次性改变整个公司的瀑布式方法。相反，应该发挥第12章中提到的敏捷式方法短期冲刺的特点，推行上文第二步中提出的细微操作步骤，从而迈向数字化成熟。这一过程也很可能会涉及我们在第14章中概述的那些试验和测试。

超越，迈向成熟的下一个阶段

尽管数据已经表明，我们的三步骤模型是描述公司在数字化成熟过程中所处阶段的最佳方法。但在评估公司的实际过程中，我们认为成熟度可以划分为4个阶段。为什么呢？在本书中，我们注意到，随着技术的发展，达到每个标准的限制性条件都在不断提高。三步骤模型能帮助公司了解自己目前处于数字化成熟道路中的哪个位置，而四阶段模型对于思考公司未来走向更有帮助。虽然公司在某些方面可能处于第3（成熟中）阶段，但成熟的第4阶段却意味着不断有机会去实现超越，从而具有更高的数字化成熟度。事实上，你公司中的一些部门现在可能正在努力实现超越。通过本书的这一部分，我们确实可以看到，为了具备更强的协作性、创新精神和风险承受能力，数字化成熟中阶段的公司做到了全力以赴。如果认为自己已经在某种程度上"达到"了数字化成熟，他们就不会再进行这些投入了。

换言之，数字化成熟度的标准随技术的不断发展而变化。即使某个公司今天已经实现了数字化成熟，明天的变化无疑会要求公司继续变革。因此，前3个阶段反映出数字化成熟度模型的3个阶段，而第4个阶段代表了公司未来的走向。

- **阶段1：探索数字化工作（初始阶段）**。公司利用传统技术实现公司现有能力的自动化。这可能会涉足数字化领域，但这个阶段给公司带来的变化微乎其微。

- **阶段2：推行数字化举措（发展中阶段）**。公司加大对数字化技术的利用，但其关注的焦点依然在公司现有的业务、运营和客户模型等方面。如果公司数字化成熟度有所提高，很大程度上是无心插柳的结果。这种数字化成熟缺乏完整性，而且与其他方面毫无关联，其关注的焦点在支持数字化技术，而非提升整个公司的数字化水平上。这是迈向数字化成熟的重要一步，但距离终点还很遥远。

- **阶段 3：走向数字化成熟（成熟中阶段）**。如何完成工作，如何与客户、合作伙伴和供应商互动，这一切均有明确的目标，均在特定的关系网中展开，受壁垒影响的程度减少。针对当前业务、运营方式和客户模型，公司有意地推行更具创意的变革。公司的主要工作方式、运营和行为方式正在发生改变，致力于成为更加成熟的数字化公司。

- **阶段 4：成为数字化公司（理想目标）**。不断变化的数字化环境和生态系统促进了业务、运营和客户模型的优化。这与传统的商业运营和客户模式截然不同；数字化成为公司组织方式、运营方式和行为方式的核心。数字化已经刻入公司的 DNA，而并不只是公司展开行动或赖以生存的备胎。

利用数字化 DNA 评估公司的数字化成熟度

我们可以从组织、运营和行为方式这几个方面得出对公司文化最广泛的定义，也就是我们通常所说的公司的 DNA（见图 15-1 和图 15-2）。人的 DNA 决定了个人特征，而公司的 DNA 使它有别于其他公司。公司如今的模样取决于它是如何体现这些 DNA 特征的。

图 15-1　数字化推行趋势

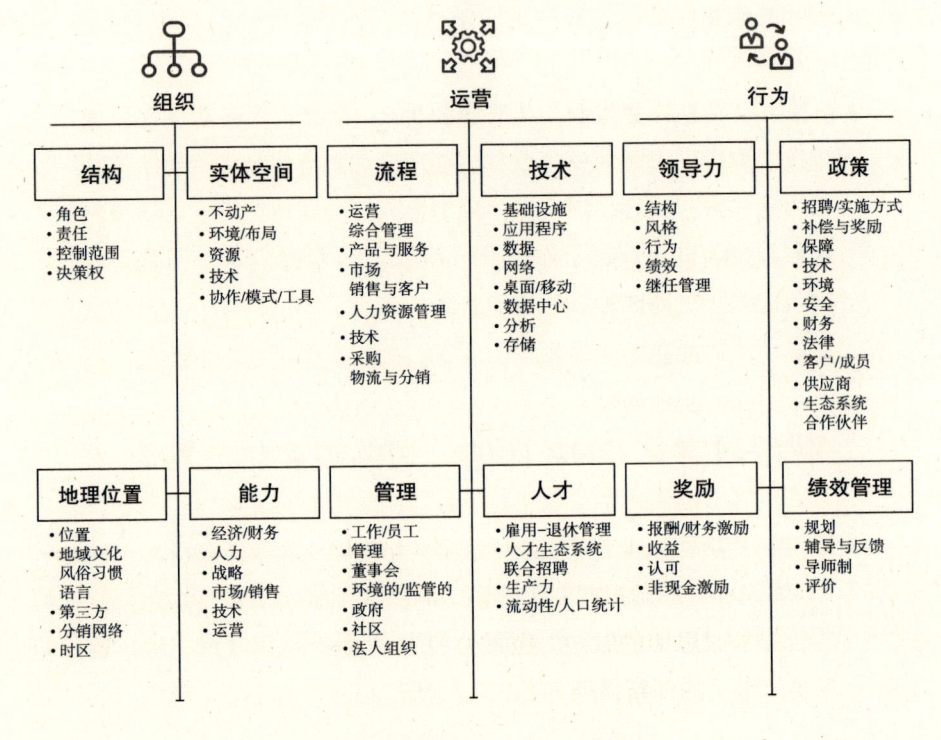

组织

结构
- 角色
- 责任
- 控制范围
- 决策权

实体空间
- 不动产
- 环境/布局
- 资源
- 技术
- 协作/模式/工具

地理位置
- 位置
- 地域文化
  风俗习惯
  语言
- 第三方
- 分销网络
- 时区

能力
- 经济/财务
- 人力
- 战略
- 市场/销售
- 技术
- 运营

运营

流程
- 运营
  综合管理
- 产品与服务
- 市场
  销售与客户
- 人力资源管理
- 技术
- 采购
  物流与分销

技术
- 基础设施
- 应用程序
- 数据
- 网络
- 桌面/移动
- 数据中心
- 分析
- 存储

管理
- 工作/员工
- 管理
- 董事会
- 环境的/监管的
- 政府
- 社区
- 法人组织

人才
- 雇用-退休管理
- 人才生态系统
  联合招聘
- 生产力
- 流动性/人口统计

行为

领导力
- 结构
- 风格
- 行为
- 绩效
- 继任管理

政策
- 招聘/实施方式
- 补偿与奖励
- 保障
- 技术
- 环境
- 安全
- 财务
- 法律
- 客户/成员
- 供应商
- 生态系统
  合作伙伴

奖励
- 报酬/财务激励
- 收益
- 认可
- 非现金激励

绩效管理
- 规划
- 辅导与反馈
- 导师制
- 评价

图 15-2　数字化 DNA 成熟度图谱

15 4个阶段、23种数字化DNA，绘制成数字化组织的行动路线图

随着时间的推移，一个公司的DNA会以某种方式继续复制和进化，但一般会尽其所能保持动态平衡，除了那些微乎其微的变化外，它会将其他变化都拒之门外。如同人类一样，公司的DNA极其强大。这就是为什么具有不同DNA的公司，其并购过程会异常困难，甚至最终会一败涂地。在改革过程中，如果做不到深思熟虑和谨慎细致，公司的某些DNA可能会阻碍公司实现数字化成熟的进程，尤其是在传统公司，或者实行终身聘任制的公司中。那些一早就存在的DNA很容易精准识别，而这些DNA会和之前一样强大，甚至比之前更强大。这些特征有助于确立公司在数字化世界中的优势地位，也有可能使那些未跟上时代变化步伐的公司走向覆没。请思考以下有关DNA特征的例子：

- **组织——指允许或限制公司活动的结构、实体空间、能力和地理位置**。实际上，颇为自相矛盾的是，实体空间是数字化成熟的一个关键因素。在我们的采访过程中，公司都表示，它们需要寻找或开发新的互动空间，以实现数字化成熟。能实现这些互动的空间并非最近风靡的那种典型的开放式空间，而是一个能促进小组会议（虚拟或面对面）的空间，人们可以在经过重新设计的"公共"空间内实现偶然互动。在与我们合作过的公司中，有个公司具有"身临其境"般的强大DNA，无论在何种实体空间或地理位置，哪怕是横跨半个地球。该公司领导者和员工利用组合会议室（整个公司有几十个这种会议室）和视频会议技术营造出一种"亲临现场"的虚拟或实体环境。举行非视频会议和不露脸拨打电话都是很忌讳的做法。这是公司DNA的核心内容，有利于促进更高水平的创新，展开更广泛的协作和提升员工参与度。

- **运营——指可以定义公司的流程、技术、人才和管理**。对于数字化成熟举措的领头军，必须给予一定的自由度，使其以不同于传

统公司的方式运作。约翰·汉考克公司的数字化团队在一定程度上是独立运作的，他们不受公司其他部门传统官僚主义的束缚。巴斯夫的团队禁止使用电子邮件，目的是学习使用更先进的工具，以促进协作。这些公司都需要找到新的运作方式，但如果因循守旧，他们也无法做到这些。

- 行为——指公司中各司其职的政策、奖励、领导和绩效管理机制。这就好比是俗语中所讲的"轮胎和马路接触的时刻"，即将理论付诸实践的时刻。说到数字化成熟，企业经常会高谈阔论，但只有将数字化成熟视为绩效管理和激励机制的关键组成部分，它才有可能实现。为了推动实现数字化成熟，沃尔玛将数字化绩效指标纳入每位高管的绩效评估中。有了激励措施，员工自然会有所行动，但需要确保你的激励措施设计合理，并能有效支持数字化成熟工作。如果不属于工作内容，员工就不会优先考虑。

上述任一手段都可能帮助或阻碍公司实现数字化成熟。公司领导者应该考虑一下，公司 DNA 的各个方面对整个公司当前和未来所需的数字化成熟度有何贡献或损害。请思考以下关键性问题：

- 公司的哪些领域正在自然地走向数字化成熟？
- 哪个领域是公司实现数字化成熟的最大障碍？
- 如何借鉴成功部门的经验，并将其应用于整个公司？

在本书中，我们深入探讨了一些最关键的数字化特征，比如持续创新、有意合作、迭代、决策权的转移、扁平化层级结构、持续性颠覆等。这些数字化特征构成了数字化 DNA。我们认为实现数字化成熟的公司有 23 个显著特征。我们关注的并非数字化技术，而是若想在千变万化的未来实现高效运作，公司需要哪些数字化 DNA。实现数字化必需的基本指南，以及发展、运转和重复的方法都包含于数字化 DNA 中。

公司的 DNA 特征有可能会注入其结构、管理、实力、领导者行为、人才流动和政策中，也有可能不会。如果你确实具备这些特质，它们有可能达到了公司想要在数字化世界中蓬勃发展所需的数字化成熟度，也有可能尚未达到。对于所有公司而言，重要的是要确定自己是否拥有这些特征，如果已经拥有，那数字化成熟度如何。此处，我们列出了这些特征，公司可以借此评估自己的数字化 DNA 成熟度。

我们提供了两种方法，供你去评估公司的数字化成熟度。这两种方法可以单独使用，在理想情况下，也可以一起使用，顺序不限。

- **方法 1：对员工展开调查，请他们评估公司数字化 DNA 的成熟度。** 对照这 23 个数字化 DNA 特征，领导者和员工对公司的数字化成熟度进行评定，评分范围为 1～4 分（1 代表"探索数字化"，4 代表"实现数字化"）。数据表明，中层管理人员和普通员工对公司数字化成熟度的评价往往有所不同，而且没有那么乐观。我们还发现，不同代际的员工、有经验的雇员，以及不同地域、业务单位和职能部门的员工，对公司的数字化成熟度看法不同。我们对所有（或一组有代表性的）员工展开调查，并与中层管理人员举行工作会议，确定了关键性推动因素，并找到了那些不为高管所察觉的障碍。该方法不仅有赖于高管对公司数字化成熟度的评估，而且通过收集所有员工的意见，勾勒了一幅更完整的公司图景。

- **方法 2：与高层领导进行谈话，针对公司已有和所需的各种数字化成熟度，与他们进行讨论，并明确其观点。** 讨论应涵盖对公司数字化理想的理解。正如我们在第 4 章中提到的，实现数字化需要转变视角、思维和行事方式。领导层通过讨论产出各种信息，这有助于获得关于公司当下和理想中的数字化成熟度的综合视图。

两种方法结合起来更有可能产生最全面、最丰富和最细致的数字化成熟度图景，因为其中包含了来自公司各级的反馈，也有领导者的数字化理想。

重组 DNA，数字化转型的象征

如果结合重组 DNA 的概念，DNA 这一比喻对于思考公司如何走向数字化成熟将大有裨益。基因剪接中，一个生物体的 DNA 被剪断时产生一个空间，另一个生物体的遗传物质被剪接至那个空间。随后，修改后的 DNA 被复制并重新插入宿主体内。结果就产生了重组（即新的或经过修改的）DNA，然后在生物体中进行复制。由于这些变化，生物体可能会表现出不同的特征，也可能不会，但它确实具备已被外来 DNA 的新特征改写过的宿主的生物体特征。重组 DNA 常被用来培育作物，这些作物对昆虫或某些杀虫剂具有抗性。这个过程中肯定会存在反复试验和出错，如果剪接的 DNA 过多，就会掩盖宿主的特征；如果剪接不够，就不能充分呈现出你期望的特征。这一过程是循环往复的，而且技术越发先进。

在很多层面，基因剪接和重组 DNA 能用来恰当地比喻公司的数字化转型。领导者确定他们想要改变企业文化的哪些方面，以使公司更好地适应数字化世界。然后，他们会明确指出想要从其他公司中借鉴哪些特征，并通过一系列最小可行性变化，将所需特征融入某些团队、某个职能部门或某个业务单位。这些变化够大，有助于将新的数字化 DNA 剪接进来，但也没有大到会招致抵制和反对的地步。经过一系列反复试验，团队开始呈现出预想中的特征；随后，通过类似最小可行性变化的一些举措，公司开始大力推广不同部门呈现出来的变化。

回顾第 6 章有关基因型和表现型的讨论可能会对我们有所帮助。当时我们提出了一个观点：优秀领导力的核心特征并未改变，只是需要在新的商业环境中以不同的方式表达出来。此处，我们要提出一个更强有力的观点：需要从根本上改变公司的某些方面，从而具备某些在新兴竞争环境中大获成功的必要特征。改变不仅指行事方式方面，它们是针对需求做出的反应，因此具有非凡意义。唯一的解决办法是强势干预以更新公司本质，如此才能应对数字化世界。

实现这一目标的关键首先是关注有可能成功的领域，并改变其中某个特征。我们的经验和研究表明，一开始，应该将重点放在那些有兴趣、有动力帮助公司实现数字化的领导者，那些有能力、有兴趣的团队成员，以及在其他业务领域已取得成功的职能部门、业务单位或团队上。这些利益相关者的加入将推动变革的速度，并如同煽起余烬一样，使整个公司燃起变革的熊熊大火。接下来，由领导者决定下一个需要进行变革的公司特征，这一过程将在公司其他类似领域重复进行。

23 种数字化 DNA 特征

领导者如何借助这种基因疗法确定公司 DNA 中需要转型的领域呢？图 15-3 显示了 23 种数字化 DNA 特征，下面将对它们进行更为详细的描述。当你仔细研究这些特征时，请考虑以下问题：在未来 12～18 个月里，作为你公司数字化 DNA 中十分突出和成熟的部分，能给公司带来最大变化的前 3～5 个 DNA 特征是什么？

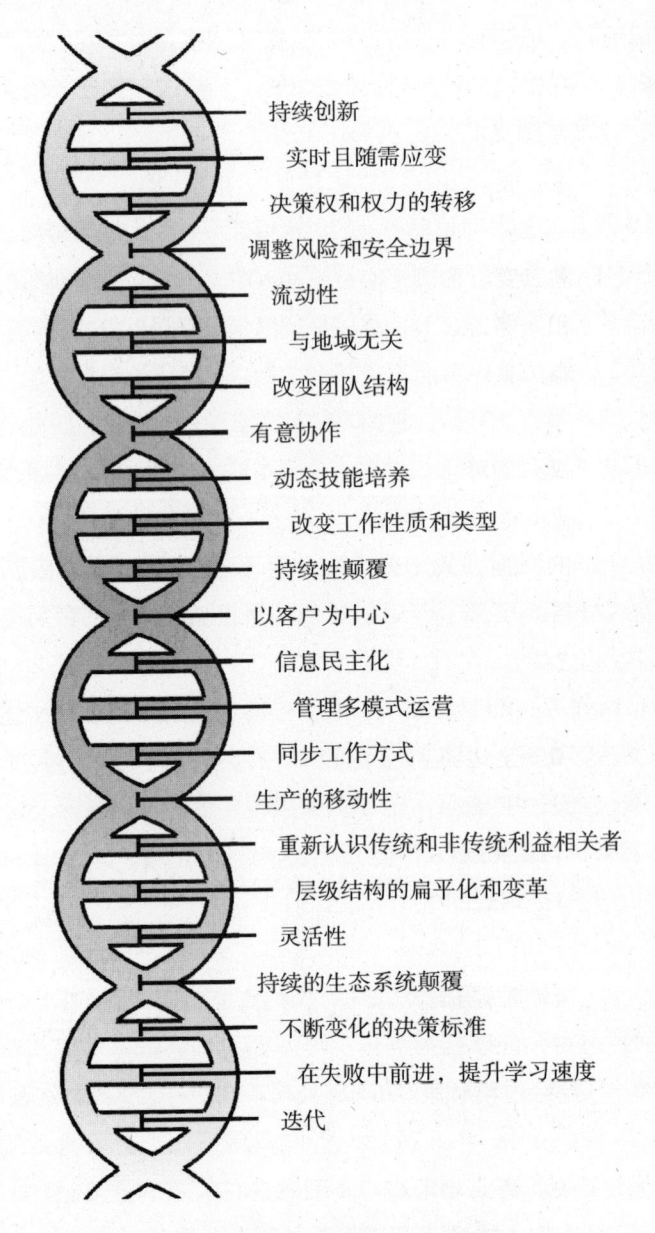

持续创新
实时且随需应变
决策权和权力的转移
调整风险和安全边界
流动性
与地域无关
改变团队结构
有意协作
动态技能培养
改变工作性质和类型
持续性颠覆
以客户为中心
信息民主化
管理多模式运营
同步工作方式
生产的移动性
重新认识传统和非传统利益相关者
层级结构的扁平化和变革
灵活性
持续的生态系统颠覆
不断变化的决策标准
在失败中前进,提升学习速度
迭代

图 15-3　23 种数字化 DNA 特征

1. **持续创新**。数字化生态系统广阔无边且充满活力,所以不断需要新想法并将它们运用到其中。持续创新包括形成具有独创性、高效且富有意义的解决方案,涵盖产品、服务、流程、技术或商业模式等方面。

2. **实时且随需应变**。客户、供应商、合作伙伴和人才都希望信息、应用程序和服务能够随需应变、及时准确、可随时访问且不受干扰,并能在多种平台和设备上使用。

3. **决策权和权力的转移**。如今,以前无法掌握重要信息的普通大众很容易获得有价值的信息,因此,决策权处于不断变化之中,且会随新的流程(或工作流程)而变化。随着决策权的变化,公司内外各级员工、客户和其他利益相关者产生的影响也处于不断变化之中。

4. **调整风险和安全边界**。数字化解决方案有助于信息民主化,可促进多种设备的使用,也有助于实现更广泛的信息获取。出于这样或那样的原因,风险和安全边界得以调整,以平衡网络安全需求和日益增长的信息获取需求。

5. **流动性**。流动性是指当人才需求、资源、运营模式和沟通方式发生变化时,能够轻松地从一种解决方案或情形转向下一种的能力。它是经过精心策划、能轻松执行的有效方法。

6. **与地域无关**。商业与地域的关联性越来越小。技术进步、流动趋势和开放的人才经济正在改变"地点"或"位置"的概念。

7. **改变团队结构**。在数字化成熟中阶段的环境中，可以灵活地组建、改变或解散团队，以满足不断变化的需求。团队中可能包括公司成员、客户、合作伙伴、供货商、竞争对手和其他人，也可能不包括这些人。这些团队的组建和形成都带有一定的目的性，团队具有思想纷呈、经验丰富的特点。

8. **有意协作**。有意协作是指就如何协同工作进行设计，以实现共同或互惠的目标。它不光涉及提供或分享信息，还包括经过深思熟虑的协同设计。在数字化成熟中阶段的公司里，它不仅发生在某人期望组建或已经明显成形的工作小组中，而且有可能发生在团队、职能部门和业务部门之间，甚至发生在公司之外。

9. **动态技能培养**。持续创新、新的任务和不断变化的生态系统都要求以灵活的技能来应对新环境下的新挑战。通过培训，使人才具备适应能力（如学习能力、数字化素养等）以及灵活适应学习方式和时间的能力至关重要。

10. **改变工作性质和类型**。数字化颠覆和其他数字化创新改变了工作性质和工作方式。在数字化环境中，职位描述、任务、技能和各种要求并非一成不变。在数字化环境中，工作性质和工作方式的模式（如机器人、人工智能和混合现实）处于不断变化之中。

11. **持续性颠覆**。数字化颠覆持续不断且变化多端。有些纯粹是干扰之声，而有些则是当头一棒。公司的不同层面（如文化、技术、商业模式和能力）也会增强或削弱其在遭遇持续性颠覆的环境中工作的能力。

12. **以客户为中心**。以客户为中心的能力是指将客户置于设计构思和产品研发、流程以及决策的中心。它专注于如何与客户互动和协作，以及通过客户互动、客户反应和客户愿望了解客户的想法。客户会参与他们正在使用的产品或享受的服务的创造过程。

13. **信息民主化**。客户、公众、供应商、竞争对手、雇员、承包商和其他人能够越来越多地获得他们以前不知道的信息，而且信息来源非常多样化。就资源的访问、可用性、安全性、隐私和决策权而言，数字化系统通常会模糊公司内外的边界。

14. **管理多模式运营**。多模式可以定义为同一公司中至少存在一个或多个传统运营模式，以及一个或多个数字化运营模式。其中还可能包括与竞争对手、合作伙伴、供货商及数字化生态系统中其他公司的交互性运营模式。能够同时在不同的运营模式下有效运作是一种至关重要的能力。

15. **同步工作方式**。与新兴的数字化公司相比，传统公司的发展速度通常较为缓慢，步伐也缺乏一致性。这种不均衡性不利于数字化投资的局部最优化，也无法满足客户期望，还会使传统公司不堪重负。在传统工作方式和数字化工作方式之间的关键交互点上重建流程、重树期望和重置决策权有助于增强数字化业务的同步性，并能提高对数字化业务的采纳度。

16. **生产的移动性**。移动性可以使工作更加方便高效和无缝衔接，不受时间、地点、设备或媒介的影响，并有助于打破工作场所中的实体和虚拟障碍。提高生产移动性的有效策略包括移动技术、工作风格、工作空间和协作方式等。

17. **重新认识传统和非传统利益相关者**。在团队化和网络化的数字化环境中，非传统的利益相关者（他们并非传统公司层级结构中的一部分）可能会拥有更大的权力，并可能影响业务的成功。无论是传统的，还是非传统的人或组织，作为利益相关者，都应该重新被认知并参与到组织的计划中来。对利益相关者认识有误、不予考虑或者完全忽视都可能会阻碍组织走向成功。

18. **层级结构的扁平化和变革**。在数字化环境中，层级结构、控制范围和决策权日新月异。技术在工作中的媒介作用越发凸显，团队更趋向于网络化，决策流程中的等级意味弱化，因此，对层级结构的需求也越来越少。

19. **灵活性**。指公司能够适应快速的和预料之外的变化。所需能力包括在体制、流程、人员、政策、资源、管理等方面的速度、技能匹配、灵活性、智慧和适应性。

20. **持续的生态系统颠覆**。工作如何完成、在哪里完成以及由谁来完成，这些都处于迅速演变中，这对传统的生态系统造成了颠覆，并影响企业运营的互动网络。在新时代的工作中，如果一个公司具备在这种遭遇持续颠覆的环境中运作的能力，那确实是不同凡响。

21. **不断变化的决策标准**。业务运行的速度和复杂性随数字化系统的变化而变化。决策投入和产出也在成倍增加和不断变化。由于客户价值、人口趋势、竞争、决策速度以及与不断变化的数字化生态系统的互动等方面的变化，昨天有意义的东西可能在今天或明天就失去了意义。在这个动态环境中，在如何、何时做出决策以及由谁（人和／或机器）做出决策方面，数字化业务或运营模式与传统公司间经常存在不平衡现象。

22. **在失败中前进，提升学习速度**。指专注于快速尝试新的或不够完善的产品、服务或互动方式。团队从所学中反思，迅速做出调整，并再次进行尝试，在这一过程中应该强调速度，事先就哪些失败可以接受以及哪些不可接受达成一致，做到免责或免罚。

23. **迭代**。基于分析式的见解、试验和失误以及来自研发团队、利益相关者和客户的反馈，对流程、政策、产品和服务进行更新和改进，目的是逐渐接近预期的结果。

成为数字化组织

　　一旦激活，数字化 DNA 元素对于成为数字化公司便变得不可或缺。无论是创造业务中的数字化 DNA 核心，还是为数字化转型创造有利环境，都需要全身心的投入和卓越的领导力来推动这些变革。以数字化 DNA 为核心有助于确定重点领域，公司会得到学习和成长，它在数字化领域的雄心也会越发壮大，从而在这个不断变化的世界中大获成功。可能的重点领域包括：

- **重构工作**。通过自动化和人力的完美结合重新设计工作内容和流程。

- **开放的人才队伍**。于开放经济中引入新的人才，包括可以实现无缝合作的受薪人员、临时工和生态系统合作伙伴。
- **互联体验**。通过实体或虚拟的工作场所和数字化工具，提供综合的客户和员工体验，从而提高生产力、彰显个性化。
- **数字化支持**。利用基于洞察力的变化分析手段和设计思维方法加速业务发展，这些手段和方法都以客户为中心，并接受迭代。
- **网络化和领导力**。有目的地设计一个团队网络，借助它来推动工作。这些团队的领导者要乐于承担适度的风险，并能说服心存疑虑的人追求数字化目标。
- **数字化人力资源**。在实现数字化的基础上，通过新的文化行为和提供消费级的员工体验来影响公司，推动公司的数字化发展。

最后，我们并非为了追求数字化而成为数字化公司，而是要帮助创建一个能够在不断变化的未来中高效运作的公司。

利用 3 个标准，实现深入变革

同时应对 23 个特征还要提高数字化成熟度会令公司手足无措。这么做不仅不切实际，而且也毫无必要，因为基于一个公司的特定需求，眼下需要的特征以及这些特征应该达到的成熟度，可能与未来的需求大相径庭。请谨记，同一公司的不同领域也可能处于不同的数字化成熟度。借助自身的成功经验，那些数字化程度更高的职能部门或业务部门可以带领公司实现更高程度的数字化成熟。最终，公司将拥有全部 23 个数字化成熟特征。但我们发现，在一开始，若想培养转型能力，最好专注于其中几个特征。根据我们的经验，大多数公司一次能专注地培养 3～5 个数字化 DNA 特征。理想情况下，可以将精力集中在未来 12～18 个月内影响最大的 3～5 个方面。由于有时间限制，可以对这些特征进行有效的优先排序。当公司有能力承受变革时，转型会迅速发生，其他特征也会接踵而至。

一旦领导者确定了公司最有可能从哪些变革中受益，他们往往会犯一个严重的错误，即把数字化成熟指定为一个"项目"，而非一个持续的、自上而下和自下而上的过程。如果在这一过程中照搬软件的实施过程，必将一败涂地。这与采用新技术毫无关系，而是有关如何在新的工作环境中有效地组织、运营和行事。

达成目标的方法不计其数。有些人发现，数字化功能的创建可以起到催化剂的作用，使公司数字化成熟度更高，而有些人则在某位指定的数字化领导者或多位数字化领导者的带领下获得了成功，还有一些人结合使用上述方法。无论采用哪种方法，让数字化余烬复燃，并在整个公司内形成蔓延之势至关重要。成功复成功。我们了解到，通过自上而下和自下而上的方式，数字化成熟才能站稳脚跟。公司各领域成熟的速度各异，有些部门乐此不疲地追求数字化成熟，而有些部门始终坚持传统的运营方式。我们发现了3个标准，如果实施得当，都将有助于深化数字化成熟：

- 确定一个有意义、快速且可度量的数字化目标。
- 与一位或多位已经参与的能提供支持、有真才实干且积极求变的领导协作，达成公司所需的改变。
- 与有能力、乐于接受新方法并愿意参与其中的员工组成团队。

一旦公司确定了需要专注于哪些数字化特征，接下来就要开始评估，如果要将这些特征融入现有组织结构，目前公司的各个方面是能够助一臂之力，还是会碍手碍脚。

设计和实施小型试验干预，提高数字化成熟度

一旦确定了要进行变革的领域和内容，最后一步就是如何实现变革。在这一点上不必思考太久。正如我们在第12章中提出的建议，传统改革举措旨在改变整个公司，甚至是目标数字化DNA特征的所有方面，你肯定不想大规模推行这种举措。相反，要按我们说的去做，利用敏捷开发方法制订90天（或更短的）冲刺计划，以实现本章一开始提到的最小可行性变化。这些行动大到足以让公司朝着实现数字化成熟的愿景前进，同时通过敏捷式冲刺法实施足够细微的行动加速影响。接下来，至关重要的是，你需要确定如何衡量改革的成效，总结经验教训，并将其融入正在进行的改革实践中。

重复变革，然后推动整个公司变革

就此止步、庆祝自己成功完成了干预冲刺或尝试了一次干预冲刺（记住，只要能从中有所领悟，失败也可以成为一个选项）的确很具诱惑力。总结从试验中学到的经验教训（无论成败）至关重要，它们有助于将所学知识用于下一次迭代试验。止步于试验并非关键所在。一个最小可行性变化的产生并不等于成功实现了数字化成熟，我们还需2个步骤：

- **步骤1：重复变革**。试验足以使公司离数字化成熟更近一步。但可能性更大的是，你需要调整试验并再次尝试，以取得更佳的效果。你的试验很少会在第一次就取得成功，需要不断地试验和改进，直至达到预期的改革水平。

- **步骤2：将变革推广至公司其他领域**。如果变革成功，你就可以开始推动整个公司进行变革。我们在第14章中提出，数字化成

熟中阶段的公司脱颖而出的关键不在于是否实施这些试验，而在于利用试验推动整个公司的变革。光靠试验是不够的。一旦反复实施了足够数量的试验，你就需要根据所学的东西采取行动。事实上，我们现在可以回到这本书的开头部分："威廉·詹姆斯认为认识事物的目的在于据此采取行动。"利用试验缩小知行差距。

我们希望，这一过程能帮助你的公司迅速意识到，变革是可能发生的，即使一开始只是在小范围内实施。关键是要全神贯注，帮助这些小团体走向成熟，并全程给予支持。当你品尝到一些胜利的小果实时，公司的其他部门也会跟进，转型的步伐会加快。这一实操过程为公司的 DNA 注入了新的（重组）DNA 元素，对数字化成熟度提出了更高的要求，从而帮助公司在不断变化的未来中茁壮成长。

结 语

回不去的过去，未完成的未来

根据美国国会图书馆的记录，《绿野仙踪》是美国有史以来观看人数最多的电影。该片于 1939 年首映，看过这部电影的人数以百万计，如果你也是其中一员，那么你肯定知道，在这部影片的结尾，多萝西在堪萨斯州的家中醒来，说了一句经久不衰的台词："没有比家更好的地方了。"电影中，多萝西在奥兹国的转变之旅不过是一场梦。许多人可能同样希望数字化转型也是梦一场，就像朱迪·嘉兰饰演的多萝西一样，他们希望能够回到数字化颠覆风暴之前的世界。

原著和电影有许多不同之处。例如，在原著中，多萝西穿的是银色的鞋子，而不是红宝石色的鞋子；电影中鞋子的颜色之所以发生改变，主要是为了利用新的彩色印片技术。但最大的区别在于，鲍姆的书中，多萝西的奥兹国之旅并非梦境，她真的去了那里。正如我们在全书中试图阐明的那样，我们相信数字化颠覆将继续存在。我们今天所看到的，只是一系列长期的数字化颠覆后果中的冰山一角。我们预计，这种情况在未来几十年将愈演愈烈。请记住，原著中，当多萝西经历了奥兹国的兴奋之旅回到堪萨斯州时，她发现堪萨斯州毫无生趣、乏味至极。她再也不想回到以前的生活了，她更喜欢新的冒险。

在介绍有关数字化成熟的研究时，我们看到，两者间有诸多共通之处。有些公司经历了走向数字化成熟的过程，在这些公司工作过的员工无一例外都认为该过程艰辛至极，无论是变化、颠覆，还是不得不学习新的工作方式，都需要付出相当大的努力。这一过程中，抱怨和失败在所难免。转型给人带来的不安感，就如同发现自己被飓风卷至奥兹国。然而，一旦在数字化转型的道路上健步如飞，大多数人都会说，他们永远不想重走"老路"了。无论是使用新型数字化诊断工具的医生，还是使用先进的数字化协作工具的专业人士，一旦其工作转向更为成熟的数字化方式，他们就会认识到，在这个新的世界中，工作可以完成得如此好且卓有成效。正如我们大多数人永远不愿回到智能手机和个人电脑出现之前的那个时代一样，这些人再也不想回到数字化匮乏时期的公司了。

那些选择重走"老路"的员工通常会加盟数字化成熟度欠缺的公司，目的是获得更高的职位。据他们反映，这种经历让他们有很大的挫败感。他们明知有更好、更高效的工作方法，但新的公司对这种潜在的变化和工作方式颇为抵触。这让他们感觉自己在生产力和潜力方面大步倒退。

数字化颠覆的故事远未结束

这一认识有助于我们从延伸比喻中得到最终启示。本书所述的数字化颠覆的故事只是抛砖引玉，未来还待继续。公平一点讲，此时此刻，我们已经进入数字化颠覆的第 3 或第 4 阶段——从 20 世纪六七十年代的大型主机，到 20 世纪 80 年代到 90 年代中期的个人电脑，到 20 世纪 90 年代末至 21 世纪初的互联网，再到颠覆当今商业的移动和数据分析革命。

结　语　回不去的过去，未完成的未来

尽管如此，**无论我们身处数字化颠覆这一过程中的哪一环，重点都从未改变，即数字化颠覆的故事远未结束，未来还有很多篇章待续。**

数字化颠覆不会很快就告一段落。随着新技术，如区块链、人工智能、自动驾驶汽车、增材制造、虚拟和增强现实等成为主流，企业将面临新的问题，即如何利用技术以新的方式运营业务。我们今天无法想象到的另一些技术也会纷至沓来，这一点无法避免。鉴于技术的快速进步，普通员工在职业生涯阶段极有可能经历多波数字化颠覆。

我们希望本书所述的重点能帮助高管应对当今的数字化颠覆，同时相信，面对未来的多波颠覆浪潮，许多见解也将对你大有裨益。例如：

- **在第一部分中，我们认为，从根本上讲，数字化颠覆与人有关，我们预期未来的颠覆也是如此。** 个人、公司和社会将继续以不同的速度适应技术变革，在未来，公司今天所遭遇的问题还会再现。未来千变万化，充满不确定性，企业领导者仍需运筹帷幄。公司仍需不断成熟，不断调整自己，以适应数字化颠覆下的新现实。

- **在第二部分中，我们讨论了数字化商业环境中人才和领导力的本质。** 其中很多道理在未来依然值得借鉴。在未来的数字化颠覆浪潮中，成长型思维举足轻重。人们会继续希望为数字化成熟中阶段的公司工作，无论这些公司的前景如何，而公司也希望吸引和留住最具才华的员工。我们预计，某些重要的领导特质在未来将继续存在，但领导者表现这些特质的方式将随环境的变化而继续变化。未来的工作看起来可能会大不相同，但我们预计，工作将继续存在。

- 在第三部分中，我们讨论了公司实现数字化成熟所必需具备的特征。这部分内容可能最适合当前的数字化环境，因此，在未来的颠覆浪潮中最容易发生变化。我们认为，在未来的数字化颠覆浪潮中，进行试验、承担适当的风险和协同工作依然必不可少。试验如何实施，风险多大才算适量，以及我们将如何、与谁、就什么展开协作，这些问题的答案可能与当今数字化成熟中公司的情况截然不同。

持续学习是应对数字化颠覆的最佳策略

写一本有关数字化转型的书是有风险的，因为它可能会迅速过时。今天看似新颖的东西很容易在明天就过时了。过去看似不可能的事情，现在回看，似乎也是必然。因此，在寻找本书的关注点时，我们得出了一个结论，谁都无法逃脱成为明日黄花的命运。因此，我们选择将本书的重点放在公司面对的潜在挑战上，这些挑战可能在未来的颠覆浪潮中仍然存在。即便如此，即便找准了关注点，本书的某些内容也必然会随时间的推移而过时。在商学院讲授有关数字化颠覆的内容时，我们就向学生明确表示，课堂中讲到的任何实践性建议几乎都会在 5 年后过时。

个人数字化继续教育不一定需要上大学。旨在培养数字化技能的在线数字化社区如雨后春笋般涌现，造就了继续教育的黄金时代。像 Code Academy 这样的网站可以帮助你学习编程语言。铺天盖地的慕课对机器学习、R 语言编程和数据科学等话题展开了更为深入的研究（有趣的是，最受欢迎的慕课之一是学习如何学习）。TED 演讲涉及的都是前沿话题，相较于许多传统商业出版物中蜻蜓点水的讲解，它通常更加深入、更具洞察力。所有人都可以看到这些演讲。你可以在 Twitter 上关注一些专家，从而获得真知灼见，并与他们建立联系。比起那些与数字化颠覆有关的看法，这些见解更胜一筹。例如，感恩节时，通过 Twitter，我们从《顶级大厨》(Top Chef)明星厨师汤姆·科利基奥（Tom Colicchio）那里学到了火鸡的烹饪方法。

随着参与持续性学习的需求比以往任何时候都更加强烈，我们面临的机会也比以往任何时候都要丰富。当然，挑战在于，首先要充分培养数字化素养，以便能够区分真正的专家和自吹自擂的万金油式的销售员，后者在网络上也是多如牛毛。

保持公司的成长型思维模式

公司层面也需要持续学习。我们在第 8 章中从个人层面介绍了成长型思维的概念。但也有一些学者认为，公司层面也需要成长型思维。个人需要认识到，通过努力才能获得或加强某些特质；同理，公司也要认识到，要付出同样的努力才能具备数字化成熟中阶段公司的特征。

具有成长型思维的公司强调个人学习和公司层面的学习。研究表明，这些公司的创新能力、协作和冒险精神都有所提升。卡罗尔·德韦克指出了关于成长型思维模式的 3 个常见误区，也道出了公司在实现数字化成熟的道路上可能遭遇的陷阱。

- **误区 1：我已经具备了这种思维，并将一直拥有**。德韦克指出，成长型思维并不等同于思想开放。"具备成长型思维的人相信，才能是可以培养出来的（通过努力工作、运筹帷幄及从他人那里获得输入的信息）……人们经常将成长型思维与灵活、开放或乐观相混淆。"思想开放或积极乐观有助于学习，是因为这两者有助于人们接受新信息和新观点。但这远远不够。成长型思维还须包括接受挑战、坚持不懈，以及通过努力奋斗不断学习和掌握知识。培养成长型思维需要不懈的努力，它在遭遇数字化颠覆的世界中尤为重要。

- **误区 2：成长型思维就是对努力给予肯定和褒奖**。德韦克指出，为了试验而进行的试验作用不大。试验、反馈和迭代必须实现具体目标。这正是我们为何在"快速试验，快速学习，快速推广"后又写一章的原因。尝试不难，失败也很容易，但为了使公司朝预期目标前进而进行卓有成效的学习并非易事。

- **误区 3：只要信奉成长型思维，好事就会发生**。只是声称自己拥有成长型思维并不能如愿，必须付诸实践。同理，声称自己是数字化公司，具备敏捷性和风险承受能力，并期望如此的公司，也需要付诸实践。然而，我们的数据表明，说到数字化转型，公司言行不一的现象非常普遍。从我们的数据中可以看到，领导者普遍积极乐观，而员工通常悲观消极，两者之间存在巨大差异。成长型思维指的是公司突破自我、锐意创新的能力。

公司有能力、也应该致力于培养成长型思维，因为它是数字化成熟度的一个重要方面。

培养公司的数字化素养

为了实现数字化成熟，也应该将数字化素养这一重要概念推广至公司层面。个体的数字化成熟度仍然很重要，同时公司也要求员工具备一定程度的基本常识，以实现高效的沟通和协作。最能说明公司数字化素养水平的是员工数字化素养的最低水平，而不是平均水平。在第 3 章中，我们提到了一致性的概念，少数无法或不愿以实现数字化成熟所需的方式工作的员工可能会拖累整个公司。我们的几位受访者指出，对于那些不愿培养数字化技能以满足业务需求的员工，有必要与其分道扬镳。

当然，你肯定不希望员工拥有一模一样的知识结构，以防他们失去合作的理由；你也不希望他们的知识结构完全不同，以防他们无法交流。需要明确的一点是，数字化素养不等于偶尔上信息技术培训课，后者对员工表现的影响十分有限。相反，数字化素养能促使员工在数字化环境中转变工作思维。如果员工想要适应某种可能的情形，但又对其缺乏基本认识，又如何期望他们能进行试验和迭代呢？个人适应技术的速度确实可能胜过公司，但他们是以利己的方式做这件事。从公司的利益出发去适应更具挑战性。

许多公司几乎从来不会鼓励员工去培养基本的数字化素养，这就能解释为什么在说到公司对培养数字化技能的支持力度时，有些员工会感到分外沮丧。此外，公司需要给员工更多的时间来提高数字化素养。有位员工说道："我们的首席执行官经常使用企业协同办公软件 Chatter，而我每天光是完成自己的工作就要 10～12 小时，根本没时间看这些玩意儿。"释放时间让员工提升自己的数字化技能可能会让他们的工作效率更高。

好的方面是，只要稍加努力，公司就能很容易地获得数字化素养。学术研究表明，一点点新知识往往会对学习成果产生实质性影响。只需一点点就能对公司有益，但很多公司几乎没有为员工提供哪怕是得到最低限度的收获的机会。如果你的公司确实想要通过实施正式举措来提升员工的数字化素养，那么线上和线下相结合的学习方法通常会产生最佳效果。相较于单纯进行线上学习，两种空间并置的学习更有助于建立关系及促进有效对话。单纯的线下学习太过受限且收效甚微。员工每月或每季度聚在一起几个小时并不会对公司的数字化素养产生重大影响。最佳做法是线上和线下相结合，两者相互促进。线下会议一般就线上生成的内容进行更深入的互动与反思，而线上互动通常也是对线下讨论的延续。如果你能使用某个在线社区，它可能会对公司的数字化素养产生重大影响，进而影响其数字化成熟度。

感谢你与我们一道探索公司对数字化颠覆的反应。本书并非什么灵丹妙药，对我们在每年的调查中简要介绍的许多处于数字化成熟中阶段的组织来说，他们也很难准确描述自己是如何达到今天的水平的。我们尝试找出数字化成熟中阶段公司的共有特征，并就公司可以做些什么来培养、培育和强化这些特征提供建议。我们的目的是揭开数字化成熟的神秘面纱，并一再向公司重申这种状态下该有的特征。

进一步推动公司最成熟的部分往往不是起步的关键，相反，要勇敢地站出来，去清除数字化成熟道路上的障碍。如此一来，你会发现，公司中其他蓄势待发的领域会越发强大。一旦开始取得进展，公司就会动力十足，之后的道路也会越走越顺。万事开头难。祝你好运！如果成功了，无论是小有收获，还是大获全胜，别忘了与我们分享你的故事。无论是经验还是教训，都请不吝赐教！

致 谢

除我们4个人之外，这本书的成功出版还凝聚着很多人的不懈努力。正因他们的鼓舞激励和鼎力相助，才有了这本书的问世，此处虽无法一一列出，但我们还是想对以下几位表示衷心的感谢。

首先，我们要感谢道格·帕尔默（Doug Palmer）、戴维·基伦（David Kiron）和娜塔莎·巴克利（Natasha Buckley），在过去7年中，我们共同研究，一道探索数字化和社会化商业的世界。娜塔莎，你对数据了如指掌，这本书的面世与你的帮助密不可分，向你致以特别的感谢！我们还要感谢研究团队的其他成员，他们过去几年来与我们一起共事，通过对数据、采访记录和项目计划潜心钻研，承担了各种大大小小的任务，他们分别是：阿尔·迪娅（Al Dea）、斯瓦蒂·加格（Swati Garg）、尼娜·克鲁施维茨（Nina Kruschwitz）、索拉布·里杰瓦尼（Saurabh Rijhwani）、丹·里姆（Dan Rimm）、内吉娜·鲁德（Negina Rood）以及艾莉森·赖德（Allison Ryder）。感谢我们的数据编码人员：劳伦·达历山德罗（Lauren D'Alessandro）、加布丽埃勒·汉隆（Gabrielle Hanlon）、丹尼·比安科（Danni Bianco）、凯蒂·戈尔德（Katie Gold）、朱莉娅·麦克唐纳（Julia MacDonald）以及安娜·科普曼（Anna Copman）。

感谢保罗·米歇尔曼（Paul Michelman）对该项目的支持和信任。感谢德勤的领导层对我们的赞助和支持，他们是：马克·科特利尔（Mark Cotteleer）、罗布·弗拉齐尼（Rob Frazzini）、尼达尔·哈达德（Nidal Haddad）、约翰·哈格尔、艾丽西亚·哈奇（Alicia Hatch）、苏珊娜·库克尔（Suzanne Kounkel）、安迪·梅因（Andy Main）、杰夫·施瓦茨（Jeff Schwartz）以及埃丽卡·沃利尼（Erica Volini）。

以下几位也为本书贡献了自己的力量：卡丽·布朗（Carrie Brown）、弗吉尼亚·克罗斯曼（Virginia Crossman）、希瑟·格劳巴德（Heather Graubard）、莉萨·艾利夫（Lisa Iliff）、凯利·莫纳汉（Kelly Monahan）、斯泰西·菲尔波特（Stacey Philpot）、布伦娜·斯奈德曼（Brenna Sniderman）、黛布拉·斯托拉里克（Debbra Stolarik）以及埃米莉·泰伯（Emily Taber）。还要向好几十位公司高管致以衷心的感谢，过去几年中，他们总是在百忙之中抽出时间与我们倾心交谈。

最后，要感谢不遗余力支持我们的家人和朋友。感谢你们为我们加油打气，也感谢你们牺牲了原本可以与我们共度的一个个深夜和周末。

未来，属于终身学习者

我这辈子遇到的聪明人（来自各行各业的聪明人）没有不每天阅读的——没有，一个都没有。巴菲特读书之多，我读书之多，可能会让你感到吃惊。孩子们都笑话我。他们觉得我是一本长了两条腿的书。

——查理·芒格

互联网改变了信息连接的方式；指数型技术在迅速颠覆着现有的商业世界；人工智能已经开始抢占人类的工作岗位……

未来，到底需要什么样的人才？

改变命运唯一的策略是你要变成终身学习者。未来世界将不再需要单一的技能型人才，而是需要具备完善的知识结构、极强逻辑思考力和高感知力的复合型人才。优秀的人往往通过阅读建立足够强大的抽象思维能力，获得异于众人的思考和整合能力。未来，将属于终身学习者！而阅读必定和终身学习形影不离。

很多人读书，追求的是干货，寻求的是立刻行之有效的解决方案。其实这是一种留在舒适区的阅读方法。在这个充满不确定性的年代，答案不会简单地出现在书里，因为生活根本就没有标准确切的答案，你也不能期望过去的经验能解决未来的问题。

而真正的阅读，应该在书中与智者同行思考，借他们的视角看到世界的多元性，提出比答案更重要的好问题，在不确定的时代中领先起跑。

湛庐阅读App：与最聪明的人共同进化

有人常常把成本支出的焦点放在书价上，把读完一本书当作阅读的终结。其实不然。

时间是读者付出的最大阅读成本

怎么读是读者面临的最大阅读障碍

"读书破万卷"不仅仅在"万"，更重要的是在"破"！

现在，我们构建了全新的"湛庐阅读"App。它将成为你"破万卷"的新居所。在这里：

- 不用考虑读什么，你可以便捷找到纸书、电子书、有声书和各种声音产品；
- 你可以学会怎么读，你将发现集泛读、通读、精读于一体的阅读解决方案；
- 你会与作者、译者、专家、推荐人和阅读教练相遇，他们是优质思想的发源地；
- 你会与优秀的读者和终身学习者为伍，他们对阅读和学习有着持久的热情和源源不绝的内驱力。

下载湛庐阅读 App，
坚持亲自阅读，
有声书、电子书、阅读服务，
一站获得。

本书阅读资料包

给你便捷、高效、全面的阅读体验

本书参考资料　　　　　　　　　　　　　　　　　　　湛庐独家策划

- ☑ **参考文献**
  为了环保、节约纸张，部分图书的参考文献以电子版方式提供

- ☑ **主题书单**
  编辑精心推荐的延伸阅读书单，助你开启主题式阅读

- ☑ **图片资料**
  提供部分图片的高清彩色原版大图，方便保存和分享

相关阅读服务　　　　　　　　　　　　　　　　　　　终身学习者必备

- ☑ **电子书**
  便捷、高效，方便检索，易于携带，随时更新

- ☑ **有声书**
  保护视力，随时随地，有温度、有情感地听本书

- ☑ **精读班**
  2~4周，最懂这本书的人带你读完、读懂、读透这本好书

- ☑ **课　程**
  课程权威专家给你开书单，带你快速浏览一个领域的知识概貌

- ☑ **讲　书**
  30分钟，大咖给你讲本书，让你挑书不费劲

湛庐编辑为你独家呈现
助你更好获得书里和书外的思想和智慧，请扫码查收！

（阅读资料包的内容因书而异，最终以湛庐阅读App页面为准）

The Technology Fallacy by Gerald C. Kane, Anh Nguyen Phillips, Jonathan R. Copulsky and Garth R. Andrus

Copyright© 2019 Massachusetts Institute of Technology

All rights reserved.

本书中文简体字版由 The MIT Press 授权在中华人民共和国境内独家出版发行。未经出版者书面许可，不得以任何方式抄袭、复制或节录本书中的任何部分。

版权所有，侵权必究。

图书在版编目（CIP）数据

数字化战略推演 /（美）杰拉德·C.凯恩
(Gerald C. Kane) 等著；李雪雁译. -- 杭州：浙江教
育出版社，2023.1
　　ISBN 978-7-5722-5030-9

Ⅰ. ①数… Ⅱ. ①杰… ②李… Ⅲ. ①企业管理-数字化-研究 Ⅳ. ①F272.7-39

中国版本图书馆CIP数据核字(2022)第239997号

浙江省版权局
著作权合同登记号
图字：11-2022-367号

上架指导：商业管理 / 数字化转型

版权所有，侵权必究
本书法律顾问　北京市盈科律师事务所　崔爽律师

数字化战略推演
SHUZIHUA ZHANLUE TUIYAN

［美］杰拉德·C.凯恩（Gerald C. Kane）等　著
李雪雁　译

责任编辑： 刘姗姗
文字编辑： 陈　煜
美术编辑： 韩　波
责任校对： 胡凯莉
责任印务： 陈　沁
封面设计： ablackcover.com

出版发行：	浙江教育出版社（杭州市天目山路40号　电话：0571-85170300-80928）			
印　　刷：	天津中印联印务有限公司			
开　　本：	710mm×965mm　1/16			
印　　张：	18.25	字　　数：	258千字	
版　　次：	2023年1月第1版	印　　次：	2023年1月第1次印刷	
书　　号：	ISBN 978-7-5722-5030-9	定　　价：	99.90元	

如发现印装质量问题，影响阅读，请致电 010-56676359 联系调换。